你懂這麼多道理
爲什麼
過不好這一生？

讓你不迷茫，
突破盲點的33則人生指引

蔡壘磊

本書推薦

蔡叔是一個很有思想的年輕人，他寫的文章又長又燒腦，卻沒有一句廢話，看著覺得長，看完了之後又嫌短。這本書從自我開始由小及大講述了人生的方方面面，值得一讀。

——吳雁

千萬級微博「思想聚焦」博主

認知是人與人之間最基礎的差別。有人說人和人之間的差別，比人和狗之間的差別還大。我認同這個觀點，認知層次不同，就是雞同鴨講。人和狗之間還能通過表情、手勢進行交流，但人和人之間會因為思想的維度相差幾個等級而無法溝通。我已提前翻閱這本書，是一本值得推薦給所有朋友的書。

——陳師明

公眾號「佛蘭克林讀書俱樂部」創始人

這是一個矛盾的時代。一方面互聯網帶來了無數的機會，塑造了不少的新貴，每一個行業都在被改變或等待被顛覆；另一方面，中產階級無比焦慮，缺乏安全感，媒體天天營造上升通道被關閉的悲涼氛圍。我相信我們正在經歷新的技術革命和新的文藝復興，我們無比興奮，卻又無比焦慮。我們好似有無限機會，又不知道如何抓住它們。我們缺的不是資訊，而是認知。所以，我們尤其需要蔡壘磊的這本書。

——**陳立飛**

香港知名自媒體人，公眾號「Spenser」創始人

蔡叔的文章，總會給人一種吃驚、反思、豁然開朗的情緒體驗。本書也一樣，會將阻礙你發展的那些錯誤觀念進行解構和重建。如果你想提升認知，就該讀讀這本書。

——**孫圈圈**

公眾號「圈外」創始人兼 CEO

雖然了解自己是一件很難的事情，因為各種蠱惑人心的言論大行其道，普通人很難通過一般的媒介讀懂自己的內心，一個人要了解自己甚至比了解身邊其他人還難，但是了解自己的回報十分豐厚。蔡叔試著在書裡給出一個尋找自我的路徑，書中既有精細知識的趣味，又兼具思想氣息，很值得一讀。

——肥肥貓

知乎著名大V，公眾號「肥肥貓」創始人

很多人都在講認知，其實可能連講的人自己都不知道什麼是認知。在周遊世界的歷程中，我認識了無數的陌生人，要說有趣的靈魂，蔡叔絕對名列前茅。這本書凝聚了蔡叔的思想精華，對於思維的解剖可以說非常細膩、到位，我幾乎是一口氣讀完的，我想，每個年輕人都會願意遇到這樣的靈魂吧。

——楊熹文

公眾號「請尊重一個姑娘的努力」創始人

每次當蔡叔提出一個新見解的時候，我都會去看看，因為他不僅提出結論，還有十分清晰的邏輯思考過程，總是能用平實的語言戳中你的認知盲點，讓你受益。

——**緩緩君**

公眾號「緩緩說」創始人

CONTANT

目次

003 本書推薦
013 推薦序　聽嚮導的話攻頂，別憑滿腔熱血慘摔！
017 序言

第一章　來，狠狠抽自己耳光——重新認識自己
024 大腦每時每刻都在騙你
031 別裝，千萬別裝
038 道理我都懂，只是懶？
045 沒機會真的怪不了運氣
053 你不是不勢利，只是想占便宜

第二章 成為一個睿智的人——重新認識知識
062 誰說學生只要讀書就行了
069 吸收有效知識的正確認知
076 打造知識體系需要笨辦法
085 持續學習，為何你無法堅持下來
093 知識不是無用，是你不會用
第三章 賺錢是一門技藝——重新認識金錢
102 金錢是人性的放大鏡
107 你對金錢遠沒有那麼渴望
115 無節制地省錢是個大坑
124 年輕人該擁有怎樣的財富觀
129 你的勞動很不值錢
134 究竟怎樣才能賺到錢

第四章 賺時間就是賺壽命——重新認識時間

150 你對時間的理解可能並不正確
158 時間用在哪裡，決定了你是誰
163 究竟該花時間還是花錢
170 時間是關於選擇的藝術
175 正確賺時間的重要法則
183 豐富自己的時間經歷

第五章 沒人真正為你好——重新認識關係

190 人和人之間，需要一點界限
198 父母偉大，但沒有那麼偉大
205 戀愛和婚姻，是基於利益的模糊博弈
212 如何讓合作持續下去

215 親戚並不意味著更親密
220 你是在社交嗎？你可能在瞎忙
232 知恩圖報？知恩就得馬上報

第六章 如何過好這一生——重新認識人生

242 放棄吧，人生沒有假想的跑道
249 努力，不足以讓你過上好日子
258 少走彎路，可能死得更慘
264 格局，決定你的世界
276 人生的消費和投資
282 幸福人人都能擁有
290 後　記

推薦序　聽嚮導的話攻頂，別憑滿腔熱血慘摔！

看過一個故事是這樣的：有個人跑去請教大師，問他說：「大師，你覺得快樂的祕訣是什麼呢？」大師想了一會兒，告訴他：「快樂的祕訣就是『不跟笨蛋爭論。』」這人接著說：「大師，可是我覺得不是耶！」大師微笑說道：「你說的對。」

哈哈哈哈哈！我想，這是你讀完這故事的第一反應。可是，你為什麼會笑呢？是不是覺得大師反將這人一軍，根本是傑出的一手呢？大師的確是妙語絕倫，但我認為，這個去請教大師的人，就是多數人的縮影，這種人，我把他稱為「假裝好學者」。表面上，他很好學，所以帶著問題是請教大師，但問題在於，那是裝出來的，因為他心中早有一個想要的答案。所以當別人告訴他想法時，比起接受，他更偏好反駁。他就像一瓶已經裝滿的水，是容不下任何一滴水的。所以他永遠用自己貧乏的思維，在丈量這個世界。可惜的是，世界從不會為他運轉。

你說，我不想要成為這樣的人！還有解嗎？當然有，但前提是，請你先把心裡的水全部倒掉，一滴不剩。然後，把蔡壘磊的《你懂這麼多道理，為什麼過不好這一生》好好讀三遍。第一遍，理解作者的觀點，別急著反駁；第二遍，對照你過去的價值觀，與作者展開對話；第三遍，試著在生活中實踐這些道理，而不只是掛在嘴上賣弄。對！這就是我讀這本書的方式，生活因此而不一樣。

千萬別把《你懂這麼多道理，為什麼過不好這一生》這本書當作是市面上心靈雞湯，因為雞湯只負責感動你，卻沒告訴你如何行動。但在這本書裡，也許沒那麼多賺人熱淚的故事，但每一篇都是精準明確的人生指引。想像你在攻略一座名為人生的高山，你期待看見日出和雲海，但眼前全是濃霧與陡坡，蔡壘磊是你的人生嚮導。此時，你要聽的，不是什麼「再堅持一下就好！」、「面對陽光，陰影就在背後」之類的空話。而是如何攀爬、哪裡紮營、何時攻頂的行動方案。所以，你準備好要重新理解人生了嗎？

《你懂這麼多道理，為什麼過不好這一生》從六個面向帶你重新理解人生這座高山，分別是「重新認識自己」、「重新認識知識」、「重新認識金錢」、「重新認識時間」、「重新認識關係」、「重新認識人生」。每一篇你在讀的時候，如果覺得臉腫腫的，別擔心，那是正常現象，請你好好享受被蔡壘磊打臉的快感。因為你正在腦內進行一場認知革命！

像是我們都知道「人緣」很重要，可是要怎麼建立人緣呢？你可能會說：「發名片、加臉書、噓寒問暖……」但蔡壘磊會反問你：「資產性人緣和勞動性人緣，你要建立的哪一種？」這下你頭上的問號更多了。蔡壘磊知道你困惑，不急不徐解說給你聽：「資產性人緣建立在他有值得他人圖謀的地方，而勞動性人緣建立在他能給人提供即時性的正面回饋。簡單來說，資產性人緣是人人都想跟你建立關係，而勞動性人緣是你給一直處在施恩狀態。」你瞧，道理歸納清楚後，才談的上選擇與策略。此後，你該做的不再是當爛好人，而是努力提升自己的價值，用資產性人緣取代勞動性人緣。

再來，我特別喜歡蔡壘磊「談金錢」的角度。我發現身邊很多人都有這樣的困擾，覺得談錢傷感情，可是不談錢又覺得被拗。比方朋友知道你懂設計，請你幫忙設計logo，但從頭到尾都沒談費用，你也不好意思問。最後，他給了你一個驚喜小紅包，你心裡一陣暖意。嘴巴上說幹嘛這麼客氣，回家後興奮地打開這份驚喜，結果你得到一份驚嚇。因為這費用根本是踐踏你的專業，這回，一陣寒意湧上心頭。錢真的是這麼難以啟齒的事嗎？蔡壘磊告訴你：「別人付你錢，是因為你向他們提供了價值，你的所得就是你提供的價值。所以要建立起賺錢就是幫人的價值觀，不要羞於談錢，也不要恥於賺錢。」就這麼一個觀點，你從此掙脫了別人的情感勒索。

馬克吐溫曾說：「絕對不要和笨蛋爭論，他們會把你拉至他們的層次，然後憑經驗擊敗你。」這話值得你刻在心裡一輩子。人與人之間的差距，就在於「認知水平」。我們不嘲笑笨蛋，但也絕對不能當笨蛋；麻煩的是，笨蛋往往是不自知的。所以，聽我一回，《你懂這麼多道理，為什麼過不好這一生》這本書你讀三遍，然後我們相約在人生頂峰，笑看日出雲海。

Super 教師／暢銷作家
歐陽立中

序言

我們生活在同一個世界嗎？許多人會說：「那當然啦！如果不是這樣，我們怎麼能看到同樣的東西，聽到同樣的話，又能彼此交流呢？」

這事還真值得商榷。就物理空間來說，我們的確生活在同一個世界，但在精神空間層面就不一定了。雖然我們的眼睛、耳朵等器官的構造大體相同，但攝取資訊以後在大腦裡面加工出來的成品，可能就大相徑庭了。問題出在哪裡呢？肯定是大腦這個加工器的問題。

每個人的大腦都有一套演算法，是由從出生到現在的環境投射和自主意識共同進化而成的。這套演算法決定了一個人對基礎素材的加工方式，我們將其簡單地歸結為兩個字：認知。

認知有很多側面，對於任意一個側面，只要認知不同，看到的就是不同的東西，聽到的就是不同的話，進而無法彼此友好交流，因為所有的互動終究是過完腦子以後的成品之間的互動。

寫這本書對我來說，是一次理想主義與現實主義的碰撞。理想主義是我有一些來自靈魂深處的責任感，我相信每個人都或多或少有一些。現實主義是透過大量的前期資料積累，我確信它能幫助人們解決一些極其現實的問題。營運「請辯」公眾號這一年多的時間，有幾十萬讀者向我提過千奇百怪的問題。這些問題五花八門，但總有許多共性。這讓我相信，**大多數人對於某些問題就是無能為力的，這種無能為力的背後是人們對影響人生關鍵的某些概念認識不清，從而總是無法做出正確的決定。**

為此，本書用層層遞進的方式，對人這一生中最重要的幾件事情進行了手術般的解構。

先了解「人」的共性，然後確定自己是「人」，接著坦然承認自己當然擁有這些共性，最後才是逐漸弱化，而不是試圖消除那些有負面效應的共性。

大腦是人身上最重要的器官，而知識是構成大腦演算法最基礎的元素，什麼樣的知識才是更為有用的知識？如果對這些概念模糊不清，那麼就很難建立起嚴謹的通識知識體系，自然在應對很多問題時就會吃大虧。

賺錢看起來是一件不那麼容易的事情，因為獲取資源這件事永遠都只能透過跟其他人競爭來實現。憑什麼競爭總是你勝出？當你了解賺錢的原理，但別人還不了解的時候，你的贏面就大得多了。

時間很重要，但很多人並不清楚它究竟有多重要，於是「分秒必爭」對大多數人來說，就真的只是一個寫在紙上的詞，跟真正的行動沒有一點聯繫。

你有情感，也感受得到情感，但你知道它是從哪兒來的嗎？真正的情感，本質是自主意識的寄生。還有一些虛假的情感，是由社會壓力和利益產生的，但人們往往分不清。當明白了這個道理後，你就不會被輕易感動，因為感動是一種消費，凡消費必有成本。

人們都說懂得那麼多道理也過不好這一生，道理是不是真懂了？凡引發不了踐行的，要麼是並不真正認同，要麼是沒有真懂。

……

上面都是從書裡抽出來的觀點，或許你會大呼過癮，又或許跟你現有的認知不符，你會連連皺眉。這都不礙事，重要的是，當你看到跟自己一致或者不一致的結論時，你是僅有情緒體驗，還是有深度思考的參與？

多數人都喜歡看那些跟自己的固有思維一致的結論，因為這樣的「肯定」

可以帶給他們愉悅的體驗。但有一個殘酷的事實是，**成長確實是由一系列的不舒適構成的，所以不懼怕不舒適，或許是成長必不可少的一個條件。**

世界雖很複雜，但千頭萬緒總有源頭。這個源頭就叫底層知識，對它的正向修繕是成長的關鍵所在。甚至可以這麼說，世間的道理一共就這麼多，無論你從事什麼行業，用的是什麼技能，都是底層知識的「相」，提升認知，提升的就是底層知識的正確性。

最後，本書的所有觀點都不是想改造你，而是一塊幫助你檢驗底層知識的試金石，提出證明，給你邏輯，讓你自行判斷，自行取用。如果在認真思考後發現這個貌似複雜的世界真的可能是另一種模樣，那麼你就離「明白人」更近了一步。

蔡壘磊

2017年6月

第一章

來，狠狠抽自己耳光——重新認識自己

或許，我們並不認識自己

一切的認知都從認識自己開始，只有對自己的各類行為有了清晰的認知，對自己的局限性有了明確的界限感，我們才能夠敞開胸懷，去接納更好的東西。因此，我把本章設為第一章，先看看我們對自己的現有認知有多不可靠。

突圍方向

我們有太多錯誤的僵化思維，之所以有這些思維，是因為我們接觸了太多的有毒思想。這些有毒思想通常被裹上了理想主義的外衣，讓我們沉醉在「不合時宜」的古人、無知者和有心人的片面言論或謊言中。加之大部分人缺乏深入思考的能力，於是，我們在錯誤的認知體系的引導下，又加入了更多錯誤的東西，繼而連微小的進步都變得極其困難。

在本書中，我們會拆解關於這個世界的更多真相，但對於平時缺乏深度思考的人來說，只有先認識自己，先習慣打自己的臉，才能繼續深入思考下去。

認知清單：

- 我們的大腦不可靠，我們慣用切片思維，為了獲得更好的情緒體驗，我們會創造自我，自欺欺人。
- 我們的記憶是被自我意識改造過後的記憶。
- 我們對自己的評價總是構建在他人回饋的基礎之上，所以我們不是不會客觀地評價自己，而是不想客觀地評價自己。
- 懶惰、放縱、自制力不足，根源都在於認知能力受限，看不到某事能帶來的巨大收益，因此就不足以產生足夠的動力。廣義上來講，認知也是一種智慧。
- 機會並沒有那麼依賴運氣，機會之所以沒有青睞你，是因為你並不具備開啟它的條件。
- 先做起來，讓自己變得更好，「意外好運」才有更大的機率降臨。
- 勢利是刻進人類基因裡的，它並不是一個貶義詞，勢利貫穿了人類各種行為的始終。
- 獲得好人緣的正確方式是擁有更多的正面資源。

大腦每時每刻都在騙你

看清自己有多難

很多人的家裡有一面神奇的鏡子，在這面鏡子前，人們永遠是明眸皓齒、楚楚動人，他們有半數的自拍都在這裡完成。不過，這世上有另一些鏡子，它們扭曲、邪惡，常常讓人懷疑鏡子裡面的是不是自己，比如還沒準備好時不經意瞥見的鏡子，再比如任何其他人的手機鏡頭。

那麼，究竟哪一個才是真實的自己？

當我們審視自己，眼睛定格在一瞬間的時候，我們所看到的其實是自己的某個切片。從這個角度來講，如果將我們對自己的全面評價視為一個維度，那麼被我們評價的那些切片，就是基於這個維度的低維投影。

很顯然，無論是哪一個低維投影，都無法替代高維判斷。這就是為什麼我們經常會發現自己：既自信，又自卑；既外向，又內向；既害怕孤獨，又享受安靜；既無所畏懼，又膽小懦弱。我們自己都分不清到底哪個才是真實的自己，因為我們一直在用切片思維思考問題。

有人問泰勒斯，什麼是最困難的事，泰勒斯回覆：「看清你自己。」看清自己，大約是這個世間最難的事，因為我們是人，是人就隨時會產生各種各樣的情緒：快樂、悲傷、憤怒、羞愧……而一旦人產生了情緒，就會為了維持或擺脫某種情緒狀態而說服大腦將自己的真實意圖隱藏起來，比如感受過快樂就想持續感受快樂，嘗試過痛苦就想立刻擺脫痛苦。於是大腦就會為你創造一系列虛假指令來達到目的，比如自欺欺人等。久而久之，我們就真的會將這種虛假的思維指令當成是真實存在的。因此只要是人，必然是不能正確認識自己的。幸運的是，我們可以透過一定的認知訓練來調節正確認識的程度。

每個人都有證實偏差

我們的大腦在很多時候是很頑固的，無關對錯，就是單純的頑固。這在有強烈「自我感」的人身上，會體現得更加明顯一些。我們通常將這種頑固稱為「證實偏差」。簡單來說，就是當你的頭腦中已經形成了某個預設立場或當你傾向於得到某個結果時，你就更容易在搜尋證據的途中不知不覺地偏離「公平」。我們常說的首因效應、月暈效應等，都是證實偏差在某些時刻的表現：我先入為主認為你不錯，那麼你幹什麼都看起來不錯；我看你著裝得體、乾淨漂亮，那麼你做起事來應該也是乾淨俐落的。這些都是大腦騙人的方式。

尋找頭腦中既有立場的正面證據，似乎是我們與生俱來的技能，因為我們有強化自我意識的天性。在這一點上，不論你是心理學家，還是社會學家，不論你擁有多少相關的系統性知識，都難以完全擺脫。

有個心理學家做過一個實驗，目的是測試「人在權威的震懾下，對於殘忍的命令是會繼續保持善良，還是會變得冷酷無情」。這位善良的心理學家認為人性是善良的，於是他設置了一個場景，隨機挑選了一批實驗對象，要求他們用電擊的方式懲罰一名做錯事的人。實驗過後，他發現人們果然都很善良，多數人在面對權威的錯誤命令時，不為所動。

這時有個與他持有相反意見的朋友也設置了一個同樣的場景，實驗結果卻大相徑庭，多數人都冷酷無情，在權威的命令下，不斷電擊那個做錯事的人。

為什麼同一個實驗，會出現迥然相異的實驗結果呢？

可能連他們自己都沒有意識到，在實驗之前，他們已經埋下了關於實驗的預設立場。心理學家在挑選實驗對象時，雖然已經盡量做到隨機，但他的潛意識還是會幫他挑選一些看起來更為善良的人，而他的朋友則會「隨機」挑選一些看上去更喜歡惡作劇的人。最後，結果自然就按他們預設的方向走了。

大腦騙人的方式是多種多樣的，如果沒有用科學的方法去驗證，比如雙盲測試、對照實驗等，我們在很多時候都會完完全全被它欺騙。更神奇的是，對於被欺騙這件事，很可能我們永遠都不會意識到，因為我們從心底裡「樂意」被欺騙。而我們之所以沒能真實地認清自己，也是因為比起真實的自我，我們更喜歡自我創造的那個。

記憶不可靠

看起來我們的潛意識只會讓我們不斷加強「自我」，那麼全然清晰地記在腦子裡的事情，總該是可靠的吧？那也未必。

總有人懷念說小時候的食物更好吃，當你提出質疑的時候，他們會斬釘截鐵地告訴你，他們清楚地記得小時候的味道，現在那些粗鄙貨色根本無法與之相比，甚至連水都不如小時候的甘甜。

然而，事實真的如此嗎？在許多人的記憶深處，「小時候的東西」已然成了一個不可企及的標杆。雖然在事實上，我們大多數人可能並沒有能力記得清幾十年前的味道，但由於標杆的象徵性意義，我們會將最好的味道安在它身上，因為那個味道在當時令人印象深刻。

從這個層面上來說，我們記住的，並不是事實上拿來對比的客觀味道，而是一種模糊的感覺，比如在當時的條件下是頂級的、驚豔的，再比如終於能吃到了等。那些感覺是深刻且難忘的，至於鹹甜的比例、具體的口感，我們可能就不那麼確定了，因為人的記憶很難將過於細節的東西保存太久。一個人想要記住更多的東西，肯定需要不斷用模糊詞去歸類，用更少的詞語鎖住更多的內容，從而給記憶其他事物騰出更多的空間。

每個人都有像上述這樣或真或假的記憶，只是我們通常很少去懷疑它的真實性。

美國社會心理學家伊里亞德．阿倫森（Elliot Aronson）在《社會性動物》這本美國社會心理學的「聖經」中寫下了如下的觀點：也許你不會相信，但有一個事實是，**記憶是一個重構的過程。記憶不像錄音帶或者錄影機一樣記錄客觀事實，它在生活中不停地被過濾和改造。**

關於記憶，很多時候是非真實的反應，還有一個十分經典且有趣的實驗。

研究記憶的專家洛夫特斯（Elizabeth F. Loftus）曾將被試者分為A、B兩組，讓他們分別收看一段多車相撞的交通事故影片，看完後問A組：「汽車相撞時的速度大約是多少？」再問B組：「汽車撞毀時的速度大約是多少？」注意，前者是「相撞」，後者是「撞毀」。

結果，B組的被試者估出來的速度明顯快於A組。一週後，當這些被試者重新被召回時，洛夫特斯詢問了一個影片中根本未出現的問題：「你看到撞碎的玻璃了嗎？」兩組都有人十分篤定地聲稱自己看到了，但B組回答看到了的人數是A組的兩倍多。

許多類似的實驗都證明了，只要記憶已經過了一段時間，那麼它在很大程度上，並非是過去某個時點的三維定格照片影像。它之所以能呈現在大腦中，是來自我們對資訊的壓縮、處理和加工。這裡面可能摻雜了情感和主觀成分，也可能包含了某些不知名時點的片段雜質。

每個人約有一千億個腦細胞，索引是比記憶本身難得多的事情，如果不能簡化抽象事物，我們完成記憶後將很難再將其提取出來。想像一下，讓你記一長串沒有規律的電話號碼，你默背幾次後也許能勉強完成，但我敢保證，只要正常跟我聊上一分鐘，你就難以將號碼複述出來了。若是你將其轉化為某種規律進行記憶，相信第二天還能記得。

記憶其他事物也是一樣，為了給予索引提取以便利性，我們便會在潛意識裡將記憶修修剪剪，去掉難以歸類的部分，補上無關緊要的缺失，使之更便於我們日後調用，但此時的記憶顯然不是客觀事實的反映了。我們的生活在不斷繼續，各種片段和情感作為雜質一直不停地在記憶庫中游走和穿插，相信每更新一次，我們都將擁有新的記憶和新的故事。

這沒有什麼神奇的，因為我們是自己記憶的剪輯師，我們的使命就是創造一個「虛假但我們更願意看到的所謂現實」，這個現實包括我們自己。

別裝，千萬別裝

不懂裝懂

這個世上沒有人是全知全能的，蘇格拉底甚至說過：「我唯一所知的是自己一無所知。」

這句頗具哲學味道的話，要理解也不難。首先，我們作為人這種生物，知識肯定是有邊界的。這個毋庸置疑，因為我們的精力和壽命都是有限的，而且極其有限，這就註定了我們每個人不管擁有多少知識，在人類的知識寶庫內永遠只能是滄海一粟。其次，我們現有的知識，會隨著我們對這個世界的認知更迭而不斷翻新，上一秒我們所信仰的絕對真理，到了下一秒可能就變得荒誕不經。因此，我們不懂學不完知識，也並不擁有絕對正確的知識。

如此看來，假如隨便拋出一個知識，「不懂」應該是常態，而「懂」才是非常態，但是顯然，絕大部分人並沒有這個意識。

不信的話，你可以環顧周圍，包括你自己，是不是都有不懂裝懂的時候？其實你也並不孤獨，事實上，每個人都或多或少都有不懂裝懂的傾向。有時我們能察覺，有時不能，這是由於刻意和非刻意的區別。

非刻意的不懂裝懂是自我認知上的巨大缺陷，就是非但我不知道，而且我竟然不知道我不知道，這是個很要命的事情。不要以為「裝」這個詞只是主觀故意，有些「裝」是不經意間流露出來的。

比如我常常遇到這樣的事情，在討論一個學術話題時，總有些人喜歡把概念、術語來一個大雜燴，把明明能用人話講明白的事兒搞複雜，但內行一聽就是胡扯。你要說他刻意扮高深吧，也不盡然。我曾經「採訪」過幾位，他們真的認為那些概念就是他們自己認為的那個意思，所以這就很可怕，很多人的「裝」竟然不是故意的。這種狀況的根源在於過度自信，習慣於把一知半解的東西拿來拼湊，並立刻真心認為自己懂了。這是思維方式的問題，很難糾正過來。

刻意的不懂裝懂就好一些。有人說，刻意怎麼還能好呢？是的，因為「刻意」這種心理本身就證明了他的內心深處是知道自己不懂的，心裡默認了。只是嘴上不承認，至少證明他在認知習慣上沒毛病，病是可以治的。

在這裡，我可以分享一個自己小時候的故事。我念書的時候成績還算不錯，有一次，老師在課堂上問了一個很簡單的問題，幾乎全班同學都舉手了，但恰好我不會。

在我當時的印象中，老師一直是這樣的一種生物，你愈是不會，他就愈是會讓你站起來出醜。這時你會怎麼做？相信你跟我想的一樣，那就是隨大家舉手，畢竟大家都會的題，老師看起來沒理由讓成績較好的學生來回答。但事實往往很「戲劇化」，老師就是點到我回答（事實上，也並不戲劇化，但凡僥倖逃過以後，就會繼續這麼幹，按機率來說總會碰上的）。

我在萬眾矚目下站了起來，用盡「平生所學」瞎說了一通，把「刻意地不懂裝懂」發揮到了極致。當然結局是很悲慘的，我看上去比直接承認不懂要愚蠢得多。一直到前幾年，我將自己的心智模式整個洗了一遍之後，才漸漸地擺脫「不懂裝懂」的尷尬，著實非常困難。

那麼，無論我們是無意識地調整自己的思維模式，還是有意識地隱瞞事實，為什麼我們總不願意承認自己不懂呢？

因為我們對自己的評價，總是構建在他人回饋的基礎之上。

認清真實的自己

請用幾個詞語形容自己。

帥氣（美麗）、邋遢、敏感、多情、富有激情、睿智、三分鐘熱度……你可以找到一長串的形容詞。好的，問題來了，你是如何得到對自己的這些認知的？

很多人會突然懵一下，然後說：「我當然了解自己是一個什麼樣的人。」那麼，你真的是由內而外地認識自己嗎？

我想對於大部分人來說，答案都是否定的，大部分的人時時刻刻都在透過別人的評價認識自己。當周圍人都說你漂亮時，你就會漸漸認為原來自己這樣就叫漂亮；當所有人都誇你睿智時，你就很容易產生對自己的智慧過度自信的傾向。我們對自己的評價是應該隨著生命的進程而不斷動態修正的，但據我所知，很多人並沒有「吾日三省吾身」的習慣，於是，就只能常常依靠外界的評價和態度來給自己畫像。

有人會說，這不是大數據嗎？透過大數據得出的結論，怎麼都會比主觀的自我評價來得更可靠吧？絕大多數時候的確是這樣的，但用在這裡還真不是，因為我們的初始動機就已經偏離了「客觀」。

每個人都有把自己塑造得更完美的傾向，於是，我們需要更漂亮的衣物，我們需要更強大的工具，我們需要化妝，需要美圖秀秀，需要虛假的頭銜。這一切不是為了給自己看，而是為了獲得別人更好的評價，從而利用這些評價反向塑造大腦對自己的印象。

我們的動機就是用這些素材去「餵養」大腦，從而創造一個想像中的虛幻的自己。透過這樣的大數據得出的結論，怎麼會可靠呢？

那麼，我們該如何擺脫「裝」這種看上去很剛需的行為呢？首先，我們需要認識到一件事情，那就是我們並不能透過「裝」來提升自己的真實價值。我們只能機率性地透過這個行為來獲得短期滿足，接著就會有同等機率獲得與之程度相當的挫敗和羞辱。

物理學上的簡諧運動是最簡單也是最基本的機械振動；事實上，簡諧運動的衍生體可適用於各個方面，例如，股票價格、投資收益、運動員的成績等。這些都遵循了一個最基本的原理，叫均值回歸。

均值回歸，指的是無論是低於或高於真實價值的狀態，都有向真實價值回歸的趨勢，其回歸趨勢的強度就類似於彈簧，偏離中心愈遠，強度就愈大。

「裝」這種行為也是一樣的，每當你表現出來的價值高於自己的真實價值時，你都等於在給彈簧加力。裝得愈狠，向真實價值回歸的強度就愈大。在你收穫更多掌聲的同時，出糗的可能性也同比增大。理由也很簡單，你想要長期維持在一個遠高於自己能力的狀態，是不可能做到的。如果可以做到，那就不叫偏離了，而偏離的幅度愈大，跟真實的反差愈強烈，就愈容易在不經意間暴露出真實。

當我們深刻地認識到「裝」無益於提升自己，且終會帶來同比的負面影響時，我想很多人就會放棄裝，從而不得不正視真實的自己。

想想你為什麼要依賴別人的評價，或者致力於滿足他人的期待？這種取悅並不是為了別人，而是為了自己，無非是為了讓自己對自己更滿意而已。當你常常看到真實的自己，並接受真實的自己時，就自然沒有必要再活在他人的意念之中了。

不裝，有利於你在認清自己的道路上，邁出一大步。所以別裝，千萬別裝。

道理我都懂，只是懶？

道理我都懂

最近幾年，我們常常聽到兩句話：一句是「道理我都懂，只是懶」；另一句是它的變體，是「懂了這麼多道理，依然過不好這一生」。

這聽起來很讓人沮喪，想來也是，懂了這麼多道理，結果沒什麼用，該懶還是懶，提升不了行動力，自然也就改變不了人生的現狀。我們常說格物致知很重要，不禁讓人感歎，致知和明理究竟有何用處？

致知和明理自然是有用的，而且很有用，但判斷有用和沒用是有前提的，也就是你以為自己道理都懂，是不是真的懂？如果明明不懂卻以為懂了，最終卻怪罪於道理沒用，這就有點無理取鬧了吧。

你們可以問自己幾個問題，判斷某個道理自己是不是真懂、願不願意懂、值不值得懂的標誌是什麼。

很多人會說出五花八門的答案，在我看來，答案只有一個，就是你有沒有按照「道理」所述去踐行。如果你真的認為它有理，你願意學習，也就是你真實地看得到它的好處，並且這個好處正是你要的，那你又怎麼會不去踐行呢？不去踐行的原因，要麼是你並沒有真懂，要麼是你並不認為它一定能指向某個你想要的結果，要麼是它帶來的結果並不足夠吸引你。

對一個正確的道理表現出懶惰，就是認知能力不足的體現。

我曾問過很多人：「你認為自己懶嗎？」結果九〇％的人都這麼認為。認為自己懶，說明自己認為自己能變得更好卻不願意變得更好。這裡有兩種情況，一種是對自己能力的高估，另一種是對自卑的保護。明確認識到自己懶卻不願意變得「不那麼懶」，證明他們對於如何正確做事的認知模糊不清，並不清楚付出更多的成本能否帶來更好的結果。所以，選擇懶的這個行為，本質上是看不到正確做事能帶來的巨大好處。

我見過很多人拿懶當藉口，就好像勤快了就能怎麼樣了似的。在我念大學的時候，暑假期間，有一些親戚會把家中的小孩送到我家裡點撥學習，很多人會在我了解小孩之前就說一番類似的開場白：「我家孩子啊，學習成績一直不太好，不過老師們都誇他聰明，就是懶，不肯用功。」真的僅僅是懶的事兒嗎？

有人說，不肯用功是孩子自制力不足。這的確是一方面，但自制力不足的本質不也是認知不足嗎？因為認不清學習有什麼用，或者看不到學習成績跟未來自己想要的結果之間的強關聯性，或根本不認為它們之間有強關聯性，因此才會選擇不用功。如果要把聰明這個概念擴展到廣義，認知就是聰明的一部分。如果沒有能力在既定的環境裡做出正確的決定，那又怎麼能算是聰明呢？

在這裡，我可以舉一個很淺顯的例子，假如有人開出一億的價碼，讓你每週堅持消化兩本書，每天早晨五點起來跑步一小時，並從早上七點拚命工作到晚上九點，再進行一小時的深度思考，然後才能休息，只要你堅持十年，就把這一億給你。我相信很多人在這種回報的誘惑下，是可以堅持下來的。

假如這些事跟一億確實有著強關聯，但現在並不跟你提前敲定這一億的合約，而是告訴你這樣的道理，說這麼幹就肯定能掙大錢。相信九九%的人就堅持不下來了，因為多數人的認知看不了這麼遠。當回報在某些人眼裡不存在或不明顯時，他們的動力就不足了，自然表現出懶的特性。但是在另一些人眼裡，未來的回報卻是清晰可見的，於是他們選擇努力。現在你還能說，自己天生就是懶嗎？懶並不是什麼遮羞布，這恰恰體現了在認知上，你跟別人是有差距的。

懶惰、放縱、自制力不足，根源都在於認知能力受限。

告別懶惰

當我們說一件事在我們心裡確實很重要，但就是不願意動手去做，一直想改變這種狀況又無從改變時，其實癥結就在這裡，我們對這件事情的認知有誤，它可能並沒有我們心目中想像的那麼重要。

我跟大家一樣，有時也會懶惰，也會拖延。比如今天本想去健身房，但給自己找個肌肉痠痛的藉口，可能就不去了；但若是中午有重要的商務合作，哪怕是三九寒冬，我也會大清早就起床，早早考慮今天該穿什麼衣服、講什麼話，並反覆在心裡複述。這不就不懶惰了嗎？

因此，對某件具體的事情是否表現為行為上的懶惰，取決於你對該事的認知，而當你正確認識到該事的性質、風險、需要付出的努力以及努力後能得到的結果以後，則取決於這個經綜合考量後的分數在你心目中的優先順序。

優先順序是個主觀認定，有些人的閾值很低，對他來說，六十分的事情就值得他拚盡全力，而對於另一些人，可能九十分的事情才值得他挪一挪屁股。那麼針對閾值較高的這部分人群，如果想盡量能在動力還欠缺一點的事情上堅持下去，我會給以下四個建議。

1 學會分解任務

如果整個任務的完成期限較長、難度較大，那麼分解就是一個必選項，否則就很容易失去玩下去的動力。分解任務有一個顯而易見的好處，就是能自動將階段性的目標提取出來，而當人獲得階段性成績時，自然就會產生成就感，從而提供給自己一部分堅持下去的動力。

2 衍生任務未完成的間接後果

後果是客觀存在的，但對它的判斷卻是主觀的，每個人都能透過自己的大腦對它進行適度加工。比如你沒有完成任務的直接後果是影響你所在的小團隊的業績，你可以在大腦中加工成：影響團隊業績就會連累直接上司，他可能會在老闆面前醜化我，下次升職加薪沒我的份兒，成為公司邊緣人，被裁員……再想下去，你就會有動力將任務完成。

3 養成說斷就斷的習慣

很多人上來就告訴你一番大道理，說不要拖延、不能懶惰，然而與其刻意提醒大腦，不如切實養成一個好習慣。養成習慣並非那麼容易，它需要一個方法，叫「得寸進尺」。

明知道要將一項任務高品質地完成需要四個小時，我們如何改掉低效的完成模式呢？答案就是將單一任務的專注時間延長，用白話說就是，「要玩使勁玩，做事就好好做事」。這很難嗎？是的，但一開始我們可以盡量將時間分配給玩樂，這就不會很難。最重要的是將習慣養成，保持娛樂時間與專注任務時間的分離，培養起界限感，然後通過「得寸進尺」，慢慢將玩樂時間縮減。

4 給自己唯一性的階段獎賞

訓練人的大腦和訓練動物的大腦沒有太大區別，都需要一些刺激。我們看到水族館裡，海豚表演轉圈之後，飼養員就會給牠們東西吃，表演鼓掌之後，又會給牠們東西吃。人也是一樣，一項任務經分解之後，本身的成就感如果無法給予你繼續下去的刺激，就需要強行加之以邊際效應遞減較慢的刺激，並將此刺激在其餘獎勵方式中剔除，使這個具有唯一性的外加刺激同任務綁定。

如此，當你想獲得這個特定刺激時，就只有完成特定任務的每一個小階段這一個選項；這就將完成一個大任務，需要意志力的事，徹底轉變成了獲得刺激獎賞而願意自發去做的事。

沒機會真的怪不了運氣

機會與運氣

機會是個好東西，不管我們年齡多大、什麼身分、什麼職業、有沒有錢，我們都需要機會。

如果將一段不斷上進的人生軌跡用線條來表示，那麼它並不平滑，或許最接近的應該是下面這樣的：

從第一條實線來看，一開始，隨著時間的推移進步緩慢，積累到一定程度的時候，突然爆發式增長。緊接著，到了瓶頸期。有些人，這條實線就是他全部的人生軌跡，而另一些

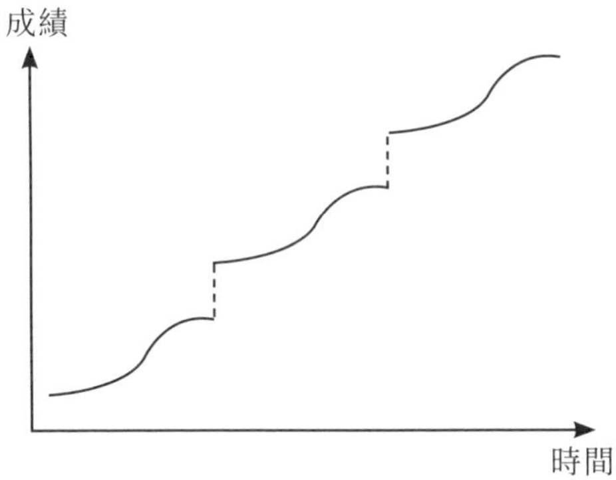

人，如上一頁圖所示，有第二條、第三條乃至無數條實線。而連接著每條實線的虛線的頭尾，也就是那些突然跳躍的斷層點，就是每個人的機會點。

每當我們希望自己在某個層面更上一層樓的時候，我們就需要機會。不管是量變引起質變，還是突如其來的「好運」，都需要一個開啟的條件。當這個條件降臨的時候，我們才能取得飛躍式進展。

很多人在評價自己的碌碌無為時，通常會認為自己缺少機會，而周圍有那麼些人，卻常常被各種機會垂青，走在路上都能被紅包砸中腦袋。對於這樣的人，你會羨慕，也會有點嫉妒，明明之前還是一起玩泥巴的朋友，為何他就總能才逢明主、馬遇伯樂，而你就只能感慨懷才不遇？唯有偏安一隅，眼看著他漸行漸遠，想上去扯扯後腿，卻發現連手都不夠長。

他的機會怎麼就那麼多？你不得不感歎，時也命也，於是得出了「運氣才是區別人生的關鍵」這樣的宇宙級真理。

誠然，在你的人生軌跡中，沒什麼比運氣更重要了。你的出生本身就是極大的運氣，你是個打敗了上億個競爭對手的贏家，這才有機會降臨在這世間，一窺這世界的斑斕。況且有個更加悲壯的事實是，那些與你競爭失敗的對手至少曾經有過希望，而另外幾十億、上百億的競爭對手，它們的一部分自一出來就被橡膠或衛生紙包裹，終其一生都不知道自己在做著無用功，這才是真正的悲劇。

這樣的競爭是否太過殘酷？很不幸，我們同樣身處這樣的世界。如果馬雲出生在戰火紛飛時的阿富汗，他會不會成為阿富汗的商界大亨？如果泰森出生在原始部落，他會不會成為部落的領袖？也許你認為也有可能，但更大的可能是，他們很早就死了。如果不能在合適的時間降臨在合適的地點，根本連參與競爭的機會都沒有。

這些都是偉大的運氣，是我們無法選擇的運氣，也是影響人生最大的運氣。那麼這樣的運氣，是否就是人生的全部？對於那些無法入局者來說，是的！但對於那些有機會入局的玩家來說，卻僅僅是一部分。

能讀到這本書的，有能力上網的，也有接觸基礎教育的機會的人，恭喜你！雖然每個人的初始條件有別，但你顯然已經進入到了入局者的行列之中，然而為什麼機會總不降臨到你的頭上呢？很多時候，這就不關運氣的事兒了，而是跟你自己有關。

什麼，機會不是隨機由運氣抽取的嗎？之所以你會有這樣的疑惑，是因為你還不太理解機會是個什麼玩意兒。

機會如何被開啟

機會，指的是一定時間內邁向有利的可能。很多人認為機會是「機不可失、時不再來」，但事實是，這種「可能」我們隨時隨地都在碰到，只是我們在很多時候並沒有滿足開啟它的條件。

我用一個簡單的例子來說明，比如你想接觸一位女神，恰好今天她跟你在同一間教室上課，這就是機會。只不過你很平凡，你的女神並沒有注意到你。接著，老師讓一位優秀的同學上台做即興演講，這也是機會。你有了被注視的機會，只是你不夠優秀，沒有資格被請上台。如果你真的足夠優秀被請上去演講了，這又是一個機會，但由於你的其他吸引力不足，女神對你無感。

你看，機會一直存在，今天也有機率是一個你和女神一見鍾情的好日子，可惜由於你沒有滿足條件，所以機會並沒有被開啟。因此，你可以清晰地看到這條脈絡：你的自身條件—機會開啟—達成目標。

看到了嗎？如果把你換成一個優秀的高富帥，今天的結局可能迥然不同。機會這種東西根本就是無處不在的，只是每個人手上擁有的資源不一樣、條件不一樣，因此能開發出來的結果自然不同。如果你手上什麼資源都沒有，對不起！對你來說，機會當然長期處於休眠狀態，就算你再等，它也不會主動出現在你家門外。就算出現在你家門外，它也不會敲你家的門。

機會不是從天上砸下來的，是靠你用資源自行開發出來的。

我曾透過音樂結識了一位好友，我們時常會湊在一起唱歌、彈琴。我們樂於將各種音樂進行改編，當改到一個好旋律的時候，常常能開心一整天。但我們之間還是有很大的區別，那就是在鋼琴的技藝上，他屬於精通，我屬於三腳貓。然而這是我們曾經的區別，現在早已不是了。我們一起學的吉他，他的進度明顯比我快得多，因為樂器相通。我們的基礎是雲泥之別，進步的速度差距也同樣巨大。漸漸地，我對吉他失去了興趣。有一次，他興沖沖地跑過來對我說，用吉他寫歌好像更方便，然後就即興在草地上給我寫了好幾首，讓我驚訝不已。

有些機會，真的不是砸到頭上那麼簡單，從鋼琴基礎，到吉他入門，到快速寫歌，這些條件環環相扣。我有沒有這樣的機會呢？當然一直有，但在同等努力的條件下，顯然我要開啟它就難得多。

每個機會其實都是靠一個個碎片拼出來的，沒有前面積累的碎片，你就難以拼出下一個圖形，而沒有下一個圖形當中的一塊碎片，你自然也無法拼出下下個。

現在你對「老天沒給我機會」這件事的認知，有沒有加深了一層？你不是沒有機會，機會一直在那裡，只是你沒有滿足開啟它的條件而已。你就像一隻無法停止爬行的小蟲子，不停地用你的觸角去觸碰周圍的各種機會。然而有時候，由於自己沒有相應的觸角，探測不到對應的機會；有時候，你發現自己有相應的觸角，探測到了機會，卻發現長度不夠；等你努力長出了相應的足夠長的觸角，又發現由於不斷前行，剛才的機會已經遠去。於是，你只能繼續前行。

然而這根長出來卻已然錯過「機會」的新觸角，是否就無用了呢？不，你遲早還會再用到它。你要相信，所有的觸角最終都會被用到，有的可以單獨使用，有的可以組合著用，只是時間問題。因此，當你多一條觸角前行時，不僅僅有可能接觸到更多的機會，而且通過不同觸角的排列組合，其實你能打開另一片天地。

先做起來

很多人問我：「我如何能像你一樣，一年之內在微信公眾號裡聚起三十多萬個粉絲？」我的建議通常只有四個字：先做起來。

通常在接收到這樣的建議時，很多人會加問一句：「不是說微信公眾號的紅利期已過了嗎？我是不是已經沒機會了？」

對於這樣迷茫的狀態，我表示理解，因為當我開始跨界進入新媒體領域的時候，同樣有許多「好心人」告誡我：「這裡的野蠻生長期已過，沒有機會了。何況你是零起步，跟在媒體領域浸淫了幾十年、一開號就能有幾千幾萬人關注的老手們無法同場競技。」

但我還是去做了，因為我充分理解什麼是機會，以及如何獲得機會。事實上，幾乎沒有一個領域是沒有機會的，哪怕你現在看不到機會，不代表以後也看不到機會。如果用上一小節的比喻來形容，就是你還沒有長出觸角。沒有觸角，你又怎麼能發現機會呢？

因此，**對於任何一個看似沒有機會的領域，我的建議都是，與其將時間浪費在原地躊躇和等待，不如先做起來試試。**而很多人之所以不願意先做起來，是由於他們喜歡用靜態思維看待問題，總是認為在環境不變或環境變差的條件下，現在看不到機會就意味著以後也看不到機會，所以不想浪費時間。但他們節省下來的時間通常也沒有用在更加有用的地方，大多數人寧願白白浪費時間。

誠然，競爭肯定是愈來愈激烈的；但只要你的進步幅度跑贏競爭加劇的幅度，事情很顯然就會變得愈來愈簡單，而不會愈來愈難，這是個十分容易計算的數學題。

當你學習到一個新技能也好，將身材練得更棒也罷，總之，**無論在哪方面變得更好，都會直接讓某些「意外好運」有更大的機率降臨在你的頭上。再想想，其實這真的是「好運」嗎？這肯定是方法論啊。**所以，以後可千萬不要再說自己沒機會了。先做起來，機會可能就會出現。

你不是不勢利，只是想占便宜

承認自己勢利

「勢利」是一個委屈的詞，之所以說它委屈，是因為它自誕生以來，便被人為地附上貶義的色彩，而它本身描繪的卻是一個真實的、人人都有的，並沒有什麼不好的狀態，只是人出於「占便宜」的心理，將這種正常的狀態「貶義化」了。這樣，當別人羞於這樣做，而自己這樣做的時候，就能夠輕鬆得利。

因此，人人都說勢利不對。因為你要說它對，你就是勢利的，於是就沒人跟你玩了；之所以不跟你玩，是因為在你身上明確占不到便宜，而在別人身上，不那麼明確。

在這裡，你看出了些什麼？那就是我們嘴上說著勢利不對，但行為上都在做著勢利的事情。然而，我在開篇就已經說了，大腦這個東西是會騙人的，你老說老說，結果一段時間以後，很可能它就信以為真了。如此，我們就從只想得利變成了真的「嫌棄」別人的勢利。這就很危險，因為我們對別人的「合理」行為做出了錯誤的反應。

勢利這個行為，哪怕從進化論的角度來看也是一樣。不勢利，就意味著在嚴酷的生存競爭中存活下來的機率更低，如此經過一代又一代的更迭與淘汰，我們自出生以來就自然攜帶了「勢利基因」以適應環境的需要，因為我們都是「勢利者」的後代。所以，也許我們無須大聲說出「我就是勢利」，但在內心深處一定要明白，我們每個人本就是生而勢利。如果我們透過對自己的洗腦妄圖讓自己接受一個更「乾淨」的自己，只會在很多時候造成決策失誤。

環顧一下你的周圍，什麼樣的人最受歡迎？有錢人、有幽默感的人、老好人……如果要將他們歸類，大致畫像是「有正面資源或有潛在的正面資源可貢獻」的人。他們之所以受歡迎，是因為人人都喜歡靠近這些「（潛在）正面資源」的擁有者，這意味著跟他們湊在一起得利的機會更大，或許是物質上的，或許是精神上的。

很多人不是看不到自己的行為，而是不願意承認自己行為的目的。由於目的本身通常是「複合」的，因此人們總會將各種微不足道的切片目的拿出來當作藉口，這樣就可以堂而皇之地避免直視自己內心那些貌似「陰暗」的部分，這是很糟糕的。

我建議從今天開始，在自己的內心深處勇敢地承認自己的勢利，因為更坦然地認識自己，有助於你在重要關頭不被世俗的道德壓力束縛，從而做出最有利於自己的選擇。

資產性人緣和勞動性人緣，建立人緣的方式不同

勢利是每個人刻入基因的天性，因此，我們會有傾向性地選擇跟一些人相處，不跟另一些人相處。對於那些很多人願意與之相處的人，我們一般說這個人的人緣好，依照上面的敘述，我想你應該很容易就能找出人緣好的關鍵，那就是擁有正面資源或潛在的正面資源。如果你也想成為一個人緣好的人，當然也需要這些。

不過，正如收入分為資產性收入和勞動性收入一樣（我們會在第三章詳述），人緣也是。你看很多有錢人，他從不請人吃飯，也不給人好處，但就是

有一堆人圍著他轉。我把這類稱為「資產性人緣」，他的好人緣建立在他有值得他人「圖謀」的地方，所以哪怕他什麼恩惠都不施，只要有潛在的收益期望存在，他的好人緣就會一直存在。

老好人的人緣也不錯，但本質就有很大不同，他的好人緣建立在他能給人提供即時性的正面回饋。他從不得罪你，讓你的心情很舒暢。你有個小忙只要開口，他也會盡心盡力。我把這類稱為「勞動性人緣」。

勞動性人緣必須時刻維持在勞動狀態，也就是得一直處於施恩狀態。假如他從某一刻開始拒絕別人的請求，那麼前期的積累就趨向於零。換言之，他的積累建立在「不斷施恩」的沙堆上，看似疊了個金字塔，風一吹什麼也剩不下。資產性人緣則要好得多，它與勞動性人緣之間的區別可以歸納為主動與被動：勞動性人緣在大部分情況下是被動的，受環境裹挾；而資產性人緣則擁有主動選擇的權力，人人都想跟你建立關係、交換資源，且很多人會將自己的資源主動獻上以示誠意。至於最終同誰「建交」，主動權一直握在你的手裡。

然而，並非所有人都是一出生就帶著光環擁有資產性人緣的，絕大多數人還是得透過不斷積累，才能一點一點建立起對他人的吸引力。而在我們自身吸引力不足的狀態下，就不得不透過積累大量的勞動性人緣，讓自己更有安全感。為什麼會更有安全感呢？這有點類似於佛家的「廣結善緣」，我們付出的勞動愈多，才能有愈大的機率獲得一些回報。顯然這樣的策略是比較被動和低效的，但在一無所有的時候，我們別無選擇。

有些讀者可能會有疑惑：「我明白了資產性人緣和勞動性人緣，對於比我價值低的人，我自然是擁有資產性人緣，可以有主動選擇權；但對於價值比我高的人，我該選擇主動為他提供『勞動』，還是默默提升，直到可以與其平等交流呢？」

這就得看你們的差距有多大了。如果你們之間的差距過大，你主動提供「勞動」的意義就不是很大，無論你是想跟對方進行單次還是多次交換，對方都幾乎不可能回報你，因為對方沒有同你進行交換或建立聯繫的必要。這樣，你的單位時間利用率就會非常低，近乎零。

因此，當我們主動提供「勞動」的時候，在多數情況下，是表明我們想建立長期交換關係的姿態，但這個策略僅在你與對方差距並不是那麼大的情況下方可使用。在此之前，請先埋頭積累。如果你想在積累的同時透過「建交」來獲利，可先將你的目標轉向與你對等或略勝於你的那個群體。

透過以上的種種分析，你可以清楚地看到「勢利」是貫穿絕大多數人類行為的始終的。哪怕我們平時並不認為自己在做著勢利的事，其實也只是我們對自己的真實目的認識不清而已，於是有意或無意地造成了對自己的誤解。

第二章

成為一個睿智的人——重新認識知識

知識不是無用，是你不會用

前幾年，知識無用論盛行一時，很多人都把「造原子彈的不如賣茶葉蛋的」奉為圭臬，並舉出大量沒有讀過書卻獲得成功的例子，這都是對知識認識的一種偏差。什麼是知識，是不是只有教科書裡教的才是知識？在學習了本章之後，你會對「知識」這個概念有一個更系統的了解，以及學會在網路時代，如何用更好的方式將自己的知識變現。

突圍方向

本章會跟大家詳細介紹什麼是知識，什麼樣的知識值得我們學習，什麼樣的知識在時間有限的情況下，不是那麼值得我們學習，我們該如何去打造屬於自己的知識體系，提高自己的知識等級。

很多人感歎自己懷才不遇，其實在更多時候，我們該反省一下自己懷的「才」，是不是別人需要的「才」。只要你的知識價值足夠稀缺，有足夠多的受眾，那麼只需連上網路，選擇合適的變現模式，就不可能懷才不遇。

認知清單：

- 知識必須同時滿足以下三個條件：客觀的，能被驗證的，相對正確的。
- 知識分為四個層次：資訊知識，加工知識，體系知識，智慧。
- 將有限的時間優先用於對有效知識的學習。
- 系統閱讀和碎片化閱讀是可以相互相容並存的，重要的是能否找到可以在兩者中取得各自優勢的方法。
- 完善自己的元知識是打造知識體系的關鍵。
- 深度思考的目的在於修正和完善元知識，而非單單往上造東西。
- 堅持學習有一系列方法可循。
- 知識變現需要找到最適合自己的點，雖然每個人的工作都是知識變現的過程，但並非每個人都能找到最優解。
- 在邊際接近零的領域，數量比單價重要得多。

誰說學生只要讀書就行了

究竟什麼才叫知識

知識，是人類認識世界的成果。

這個說法似乎很寬泛，在此我將其分解出來。能稱得上知識的，必須同時滿足以下三個條件：客觀的，能被驗證的，相對正確的。

「客觀的」很好理解，知識是不以人們的主觀意志為轉移的，不以擁有共識的人數多少為轉移，知識就是知識，人們相信它與否，並不妨礙客觀世界的運行。

「能被驗證的」這一點可能很多人會有疑問：「很多不能被驗證的並不代表永遠不能被驗證，可能是暫時還未具備驗證它的能力啊。」的確是這樣的，那些未能被驗證的諸如滿天神佛、陰陽五行之類，在自己的框架裡也能自圓其說，但對不起，知識並不是猜測。也許未來，某些猜測真的會成為知識的一部分，但在被切實驗證之前，它們依然不能算作知識。

「相對正確的」，這就表明知識是可證偽的。有人會說：「知識不該是絕對正確的嗎？」當然不是，任何正確的東西都是建立在某個框架之上的，比如現有的科學水準，當框架本身發生了變化，原來正確的東西當然就不正確了。知識，只能隨著人類認識世界的深入而被不斷修正，但只要人類的探索還在繼續，就只能說相對正確、現有正確。

所有同時符合這幾個特徵的人類認識世界的成果，都叫作知識。知識的定義是如此寬泛，或許是一種思想，或許是一種技能，又或許是一種方法論。然而在很多人的心裡，學知識依然等同於去學校上課，讀書也不是廣泛意義上的讀書，而是讀規定的書。當他們認為自己真正意義上相信「知識就是力量」、「知識就是財富」的時候，其實他們的潛台詞是「高分就是高等學府的通行證」，以及「高等學府就是高薪的象徵」。

這種認知非常狹隘，因為知識的面是無窮的。當你真正信仰「知識就是財富」的時候，你就該知道，任何維度上的有效知識只要找對了合適的變現路徑，就能轉化成財富。因此，很多人並不真的認為知識就是財富，他們求學也不是為了求知，而是別人給他們畫了一條由此及彼的路，他們就順著往下走而已。若是將知識換成迷信，這些人同樣趨之若鶩。

知識有多少層次

很多人說，學習就是學生的主業，這話正確，但正確並不是因為學習教科書是學生的主業，而是因為學習是所有人的主業，學習教科書只是學生的一個學習標的而已。它重要，但沒有很多人想像中那麼重要。

人生有無窮多個維度，這是個基礎認知；而針對規定書目的學習，只是某個人生階段中的某個切片而已。在這個人生階段，一定會有一些同等甚至更為重要的東西。它們的影響可能更為隱蔽，甚至在你用到它們的時候，都不覺得是由於你在之前有一些看似無關緊要的積累。

所以，我們會看到那些在學校裡學習成績最好的學生，並不一定是未來最有出息的，因為學校和社會完全是兩種競爭模式。

學校裡的競爭更類似於標準跑道上的賽跑，裁判一聲令響，大家同一時間出發，順著規定的跑道，誰先到終點誰贏，非常簡單。而社會上的競爭則更類似於定向越野跑，告訴你起點和終點，你自己選擇最合適的路去走。你可以走大路，也可以抄小路，還可以翻山。管你用什麼方法，先到者勝。更有甚者，連跑都不跑，直接坐車就走，只要裁判沒看到就行。

學校裡的競爭統一考勤、統一休息；而社會上的競爭則自由得多，沒人告訴你該早自習了，沒人告訴你今天上的是語文還是數學。你可以自由安排自己的時間，也可以自由安排你的方向。所以這完全是兩種模式，需要的知識也天差地別，沒什麼可比性。

教科書裡能學到的知識其實是極其有限的，但人們往往會高估，尤其是在那些自己在校園裡求學時間並不長，或自己的知識儲備比較匱乏的人眼裡，會高估得特別厲害。他們通常認為學歷就代表知識，學府排名就代表擁有的知識排名。因此，博士生肯定比碩士生更有知識，清華畢業的人肯定比南開畢業的人更有知識，而且他們認為的知識通常是全類知識。基於這種錯誤認知，現實常常會讓他們不解，最常見的疑問就是：

「你不是大學生嗎，這個字也不認識？」

「你不是學電腦的嗎，這點電腦問題都搞不定？」
「你不是清華大學的嗎，怎麼連奧數題也做不出？」

……

之所以會有這樣的疑問，是由於他們不清楚知識的繁複，總以為念了十幾年書就跟把一根裝滿各類知識的記憶棒插進了腦子裡一樣，突然變得無所不知。這是對學校的誤解，也是對知識的誤解。

更可怕的是他們還會驚訝地說：「你都讀到博士了，這點道理都不懂？」這就是更深層次的誤解了，因為學校裡基本上是不教道理的，尤其是上層學歷。很多關於高層次知識的修行都不是靠學歷可以解決的，因為沒人教，也沒法教。

這麼說，知識也分層次嗎？當然，知識分為好幾個層次，愈往上就愈不容易獲取。如果我用一個金字塔來表示知識的層次，大致是下圖這樣的：

處於底層的知識是最基礎的資訊知識，就是

我們從外界直接攝取來的那部分資訊，包括從學校教科書裡直接得來的知識，很多人對知識的認知就停留在這一層了。

往上數第二層知識叫加工知識，這裡的知識是你透過將外界攝取的資訊進行加工得來的，比如你接收到了「一屋不掃，何以掃天下」這樣的資訊，開始對其進行加工。在大量思考過後，發現不掃一屋跟不能掃天下根本沒有什麼關聯；不做小事就無法做大事的前提是，得看彼此之間的關聯性是不是夠強，而不是一棍子打死。你得出這樣的知識，就已經跟你最初接收到的資訊有很大的不同了。在融入了自己的思考和創造之後，加工知識是真正屬於你自己的知識。

往上數第三層知識叫體系知識，體系知識就更不容易了，一個人必須在某個領域擁有足夠多的加工知識，並有能力將它們有機地捏合成一個整體，形成一個系統、一種理論，方能說這個人在這個領域擁有自己的體系知識。注意，這裡有兩個要點：一個是這些知識彼此之間是有強關聯的，屬於同一個系統，並不是零散的；另一個是組合起體系知識的，並非是東拼西湊別人的口水，而是大量的加工知識，是自己的知識。

最高一層，也是最難得到的，就是智慧了。甚至很少有人會把智慧稱為知識，因為它已經成為一種指導行為的反應。它可能並不像下面幾層知識那麼具體，但它卻是真真正正的，由大量體系知識搭建起來的。至於把什麼和什麼搭在一起、怎麼搭，都只有靠自己才能完成。這就是我說的，高層次知識的修行不是靠學歷可以解決的原因了，因為智慧只有自下而上，而不能由他人自上而下傳授。他人能傳授給你的任何東西，對你來說，都只是最底層的資訊。然而很多對知識不了解的人，經常會把最底層的資訊當作知識的最高表現形式，比如知道某個字怎麼念就覺得特別有學問，對真正的智慧卻視而不見，實在是捨本逐末。

吸收有效知識的正確認知

並非所有的知識都同等重要

按照知識在腦子裡形成的難易程度，我們把知識分為四個層次：資訊知識、加工知識、體系知識和智慧。為什麼這麼分呢？也是有原因的。因為獲取現成的知識是最簡單的，最多是途徑上的困難，但接觸和複刻並不是真正的難點。因此，我們的判斷依據是知識的高低層次由「自我附加值」的多少來決定。

為什麼自我附加值這麼重要呢？因為我們在純粹接收到任何知識的時候，都不可能完全體會知識背後的真正含義。原因也很簡單，知識分為外部接收和內部創造兩種，當你透過自我體悟進行內部創造時，這時候的知識對你來說是完整的。但當你將結論或者哪怕是你的推演過程告知他人時，他人接收到的資訊必定是不完整的。於是，這種資訊裡不管包含了多少智慧，對他人來說，它依然只是個價值不大的底層資訊。只有他利用自己的內生系統對你的結論進行一番判斷，並結合了自己的內部創造以後，對他來說，資訊的價值才會提升。

這也是為什麼我們待在學校裡的年頭愈來愈長，因為人類的知識總量在迅速膨脹。當牛頓歷經長年累月的研究，最後告訴我們天體運行的規律是A的時候，於我們而言，這個知識依然是底層的。若是我們直接接受，其實價值並不大，頂多拿來吹牛。我們需要先形成足以判斷之所以A會是A的基礎系統知識，才有能力在其上面添加自身的附加值。雖然隨著技術進步，這個過程會縮短，但毫無疑問並不會比知識膨脹的速度快。於是，在知識一鍵植入的技術未能大規模普及的前提下，完成基礎教育的時間愈來愈長，是一個必然趨勢。

那麼，是不是知識和知識之間只有層次的差別呢？不！我們對於基礎資訊的篩選也非常重要。這有點像下廚，當然廚藝更高的人做出來的菜味道更好，但原材料的差別，也會讓雙方處於不同的起點。

不管我們願不願意承認，知識除了分層次之外，在同一層也是有天壤之別的；比如我們直接攝入的基礎資訊知識裡，有效程度也有差別。

有些知識是孤立的，無法或者很難跟其他知識產生「化學反應」，比如伊莉莎白二世的全名是什麼、《新華字典》第六十八頁的第三個字是什麼。你說這些不是知識嗎？當然是知識！你說這些知識無效嗎？也不能這麼說。你只能說，這些相對比較孤立的知識是「次有效知識」。我們曾經在很多看似高端的電視節目裡，都看到過關於「次有效知識」的比拚，其實這是毫無意義的行為，知識的廣度和貌似豐富的程度，跟有效程度是完全不同的概念。

有效知識和次有效知識的差別就在於，知識本身的聯結點數量和可應用的範圍。有效知識本身可以引發進一步思考，還能通過與其他知識的聯結，改變其他知識或孕育出新知識，而次有效知識就極少能幹這些事。

因此，當我們吸收基礎資訊知識的時候，要注意多吸收有效知識。次有效知識由於其孤立性，出現的頻率不高，尋找的難度較大，同時也較難記憶；於是，看上去好像更厲害，但這種炫耀為先的學習目的，正是我們該竭力避免的。

系統閱讀與碎片化閱讀

從外部吸收知識的方法有很多，實踐當然也是，不過最便捷、最常見的方式還是閱讀，因為**閱讀是獲得高品質底層資訊的主要方式。**

閱讀分為系統閱讀和碎片化閱讀；系統閱讀一般指的是閱讀系統書籍的行為，當然也有可能是尚未成書的。如果從知識的分類來看，閱讀的至少是「體系知識」。比如你現在正在閱讀這本書，就是系統閱讀；全書有一個鮮明的主題，裡面每一章的知識都自成體系，每一章裡的小節與小節之間又緊密關聯。

碎片化閱讀則不然，這種閱讀方式閱讀的並不是那些長篇累牘的系統書籍，而是某些知識碎片，這些知識碎片沒有形成體系，可能只是某個結論、某個觀點。這種碎片化閱讀是針對閱讀對象的，並不管你花多少連續時間在上面，比如閱讀絕大多數微信公眾號裡的文章。

這裡需要注意的是，很多人會把系統閱讀和碎片化閱讀的區別理解為閱讀時間的長短；以為長時間的閱讀就叫系統閱讀，抽空的短時間閱讀就叫碎片化閱讀，這是不正確的。系統閱讀和碎片化閱讀是按閱讀對象來分的，而不關乎每一段閱讀時間的長短。只要你在一段時間內閱讀的內容是成體系的，就是系統閱讀。

從歷年的《全國國民閱讀調查報告》來看，中國人的年人均讀書量一直是非常少的，長年處於個位數，位於世界下游，這個時候，我們說的一般就是閱讀系統書籍的數量。

系統閱讀當然有其好處，比如你讀下一章節關於「金錢」的認知，一共能有幾十頁。從金錢的定義到我們的錯誤觀念，再到我們的錯誤行動，然後告訴你為什麼是錯誤的，怎樣才是正確的觀念和行動。全章讀完，你可能會對金錢有一個全新的認知，對掙錢這件事有了明確的方向，甚至可以幫助你改掉很多壞毛病，而不僅僅是更新了你關於某個東西或者某件事的看法。

如果我把這整本書，甚至往裡再加點雜談類內容都拆成小篇幅的文章，分成幾年打亂順序讓你看完呢？也許你就會看了前面忘了後面，在看的時候點頭稱是，看完以後什麼習慣也養不成，也難以在腦子裡聚合起體系化的知識。

不過系統閱讀也不總是好的，系統閱讀的弊端在於，大多數時候都是需要大塊時間的，因為每更新一個概念所花費的篇幅更大一些，跟其他知識點的聯繫更加緊密一些。於是，你的每一次系統閱讀的開始就先要在腦中整理相關知識，才能接著往自己的體系裡加東西。一般來說，用小塊時間是幹不了的，因為通常還沒看幾頁，時間就到了，且由於沒有充足的後續時間對系統性知識進行歸納整理，學習的效果也會很差。

這些缺點卻恰恰是碎片化閱讀的優點。碎片化閱讀的文章一般篇幅不長，且閱讀的主題之間沒有多大的連續性。因此，隨時開始、隨時結束的特點，使得我們能有效地將碎片時間利用起來。畢竟，每個人每天都是有很多碎片時間的。如果能加以有效利用，長年累月下來，也不是個小數目。

但碎片化閱讀的缺點同樣很明顯，適合碎片化閱讀的主題通常深度不夠，要麼是主題深度足夠，但講得深度不夠，或者知識與知識之間缺乏相關性和連續性。哪怕是所謂的「乾貨」文，我們也只能在這些內容裡看到大量的條目式和標題式的東西，不足以讓缺乏相關知識背景的普通人真正將有效知識融入自己的知識體系。還容易因為思辨時間和能力的不足，往自己的腦子裡加入很多毒概念、偽概念。所以，隨著碎片化閱讀變得愈來愈便捷，你會發現很多人好像什麼都懂一點，但要真問兩句，可能什麼都不是真懂，這就是現有框架下大量碎片化閱讀的後遺症。

那麼，碎片化閱讀是不是邪門功夫，不該被採用呢？那倒不是，碎片化閱讀是真真切切地提高了閱讀效率，這幾乎能肯定是未來發展的方向。當一個提升效率的東西同時帶來「副作用」的時候，我們要做的肯定不是將副作用和效率一棍子打死，而是解決副作用的問題就好。

因此，我們就需要一些能力，能夠從碎片化的知識中迅速抽離出我們需要的東西。也就是說，我們需要先建立起自己關於判斷知識的知識體系。首先，能分辨出哪些能要、哪些不能要。其次，針對自己要的東西，補齊相關需要的背景知識，將碎片化閱讀變成我們建立每一個知識體系的入口，從碎片化閱讀起步，從而順利過渡到系統閱讀。這才是將系統閱讀和碎片化閱讀的優點進行有機結合的高效方式。

出於同樣的目的，我嘗試做了一個叫「螞蟻私塾」的公眾號產品，就充分地將系統閱讀和碎片化閱讀結合了起來，為的就是讓每位讀者在不降低閱讀效率的前提下，能夠用碎片時間去閱讀碎片化的系統書籍，還能成功接收到有效的系統知識。我想，這種高效的閱讀方式，應該就是未來快速建立知識體系的主流。

打造知識體系需要笨辦法

完善你的「元知識」

很多人看到「元知識」會一頭霧水，這是什麼？

不過就算沒有聽過這個名詞，很多人應該是聽過「元認知」的。所謂元認知，就是認知的認知，它包括所有對於認知的認識，以及對認知的控制與調節。

知道了這個以後，再理解元知識就容易多了。同理，元知識是組成知識本身的更基礎的知識，以及控制與調節知識的知識。簡單來說，就是要得出A知識，首先要掌握哪些B知識，以及從B到A的算法是什麼。

元知識是更底層的基礎和算法，要打造相對更為正確的知識體系，就必須從自己的元知識系統開始武裝。道理也很明顯，底層若是不正確，上層基本就沒什麼意義了。所以這就是為什麼今後先碎片化閱讀，後將碎片化閱讀過渡到系統閱讀這樣的方式會成為主流。前者提高效率，後者夯實元知識，以及檢驗元知識是否有誤，從而不被某些毫無邏輯的碎片化閱讀內容誤導。

那麼，既然元知識如此重要，我們究竟該如何完善自己的元知識呢？

答案很簡單，就是堅持用科學、辯證和邏輯的思維來往自己的腦子裡加東西。同時，遇到跟自己現有知識體系不符的東西，能用客觀、理性和思辨的態度去對待。這個答案雖簡單，但做到卻很難。不信？你都不需要環顧周圍，仔細回顧自己平時是怎麼做的就行。我還可以給你一個身邊的真實例子，這樣的人比比皆是。

我有一位朋友，特別相信命格之類的東西，一遇有重大決定就會去相應的書裡翻查到底該怎麼做，但有時書裡又寫得模棱兩可，怎麼辦呢？朋友就會按照自己對書中批示的理解選擇對應的做法。等事情結束以後，根據事情的結果在該書裡寫下批註，以便「深刻」解構書中那模棱兩可的表達中蘊含的「真正含義」。朋友將這一整個過程叫作「悟」，自信將這些書悟透了，便參透了天機，無往而不利。每每有人提及此乃迷信之時，朋友便會用一句經典的話回應：「科學也不是什麼事都能解釋得了的，你怎麼知道是迷信，還是天機呢？」

這個例子從頭看到尾，你可能知道他是不正確的，不過是否看得出哪裡不正確呢？

說句公道話，他的學習態度不可謂不端正，而且還有自己的測試方法，比起很多人來似乎已經「科學」多了。然而，這樣的做法卻從根本上便出現了問題，那就是他將現實中的結果同書中的「預言」去逆向地一一對應，從而試圖剖解出預言的「真正含義」。在這個過程中，他已經給自己埋了一個前提，那就是書裡說的肯定是正確的，區別只是自己理解得是否到位而已。

這就有大問題了，因為他篤信書是不會出錯的，出錯的只會是解釋的人。於是就算下次發生同樣的事情，他用同樣的做法得到了不同的結果，他也不會懷疑書的正確性，而只會去找個理由調整批註解釋給自己聽，這跟掩耳盜鈴其實並沒有什麼分別。

所以當元知識出了問題，不管你用看起來多麼正確的方式，推導出來的結論幾乎肯定是有問題的，遑論你以此建造起來的知識體系。

知識大廈的建造和科學之塔的累積一樣，不求快，但求穩。先將自己的元知識一點一點變得更為正確，像做手術一樣小心翼翼地清洗自己的大腦，然後用左右互搏的方式去看待每一個問題，並將有用的東西慢慢地、再慢慢地加入你的自有概念，讓它們逐漸形成一個粗淺的小體系。

很多人可能會對「左右互搏」的概念存有疑惑，其實這是一個避免「證實偏差」的手段。每當你有了一個偏向之後，最好轉向相反立場，如此循環往復幾次之後，每一件事情的本質才能慢慢浮出水面。於是，你的知識體系裡的內容才會「盡量正確」。

如果你在日常生活中養成了這樣的思考習慣，當有了一定的基礎打底之後，就會更有能力，也能更加快速地判斷哪些知識是你該深入挖掘、能拿來給你的知識體系添磚加瓦的，哪些是一眼，就知道無須再浪費時間去了解的了。

學會深度思考

深度思考是一種很特殊的能力，要說能用它來吃飯還挺難的，因為它無法作為一項獨立的技能去換取價值；但它又切實影響著我們的各項能力，所以算是一項非常重要又容易被人忽視的能力。

很多人問過我：「如何才能做到深度思考？」這個問題有兩層意思：一是

他們本身還沒能經常性地做到深度思考；二是這麼問這個問題果然印證了前面這一層意思。因為但凡有過一點點自己的深度思考，再結合搜尋引擎的內容，多少也能問出點更具體的內容，提問這件事也見水準。

深度思考這種能力，說難不難、說易不易，對於某些對追求事物的本質和真相有一些執念的人來說，深度思考更像是一種精神，不用學就會，是一種自發進行的過程。而對於某些並沒有這種執念的人來說，深度思考則是一種需要刻意養成的習慣，非常困難。沒有重大利益持續吸引則無法堅持，理由是它本身並不給予即時刺激和回饋，甚至當它回饋你的時候，你都不一定能感覺到。

要學會深度思考，首先得弄明白深度思考的目的。深度思考最主要的目的是給自己的知識體系添磚加瓦嗎？並不是。元知識是底層的基礎和算法，是構建知識體系的基石；而深度思考則是對元知識這種底層算法的測試和修正的過程。

元知識決定了知識大廈的有效性，若是元知識有誤，那麼往上加的東西愈多，只會錯得愈離譜。深度思考主要是一個發現錯誤、發現矛盾，並及時修正元知識的過程，而非完全順著腦子裡原有的條條框框深化固有知識的過程。注意，這句話不代表深度思考就不能往原有的知識體系裡加東西了，但應該非常警惕，用本質化和邏輯化思考的方式去測試元知識的正確程度。為什麼是這樣，為什麼不是那樣，邏輯上有沒有毛病，它本來該是什麼樣……當發現矛盾的時候，用最基礎的學科，比如邏輯學、哲學、數學等學科的知識去檢驗到底怎樣才是正確的，而不是用一些心理學、社會學等概念去判斷。

深度思考是人人都該掌握的能力，它與你目前有多少知識儲備幾乎沒有關聯，也與你是不是某些領域的權威人士無關，甚至跟你的神經智力的關係都不是很大。很多看似聰明、看似很有知識的人，很多時候都不一定具有這種能力。就算具有這種能力，也根本不知道怎麼用，而是只知道在自己固有的知識框架中進行排他性思考。於是，你看到他們可能會有很多著作，可能會出席很多講座，但經常會說出蠢話，做出蠢事。

舉個例子，很多人對一些迷信知識進行了非常多的思考，擴展了之前的理論體系，甚至成為所謂的「大師」。在很多人看來，這也算是深度思考，但其實並不是。

為什麼會這樣呢？因為他們只是在自己的知識框架裡將大廈建得很高，卻並沒有檢查過地基，比如我們中華民族就有相當一部分的傳統文化，理論依據就完全是錯誤的，都是古人在對各種事物的認知水準相當低下的時候，根據經驗穿鑿附會出來的，卻被某些沒有深度思考能力的現代人奉為圭臬，當然這裡我並不是指所有的傳統文化。

打造正確的知識體系是一個慢過程，當我們只希望摒除「異己」，一味貪快時，那麼這種深度思考就可能反而成了知識體系搖搖欲墜的幫兇。

分享、分享、再分享

打造屬於自己的知識體系，是有一整套流程的。雖然這些步驟有時會有交叉，有時會同步進行，但大體的流程是這樣的：先要透過深度思考不斷完善自己的元知識，然後在此基礎上分清哪些是我們需要的有效知識，哪些是次有效知識，並將需要的有效知識挑揀出來；接著提升有效知識的層次，將資訊知識轉化為加工知識，進一步打造成體系知識甚至是智慧。

這樣就可以了嗎？還不行，還得查漏補缺，把知識體系盡量補圓滿了。雖然絕對圓滿是不存在的，但我們可以盡量靠近。

不過查漏補缺有時候並不那麼容易，哪怕你將「結構化思考」的能力運用得再好，也不太可能正向思考到所有的方面；因為很多事情並不是我們不願意去改正，而是我們根本不知道自己有什麼問題。因此，我們可能還需要一些逆向思考。

相比於正向思考的結構導向，逆向思考是問題導向的。碰到問題了，以現有知識體系解決起來有困難了，就知道還需要補充些什麼了；所以在這個點上，能夠發現問題才是關鍵。也就是說，你得先知道自己不知道什麼，或是自己哪裡有瑕疵，然後才能想辦法解決。

那麼，如何更早更多地發現問題呢？有一個很笨但很有效的方法，就是不斷地分享、分享、再分享。

很多人並不清楚，其實分享是最好的學習方法。

第一，分享是一件利己利人的事。我把好的思想或方法論分享給你，你多少有所得。反過來，也許你會提出一些不同的東西，觸發我更多的思考。哪怕你並沒有提出什麼新見解，單單是我自己在分享的時候，也是一個對知識的自我記憶和強化的過程，依然是非常有好處的。

第二，分享是一件能倒逼你完善知識體系的事。很多人都有過這樣的經歷，當要做一次分享之前，就會特別主動認真地學習，原因就是怕出醜，分享的對象人數愈多，學習效果就愈好。

第三，每一次分享過後，收集各類回饋並歸類，就是一個非常好的查漏補缺的方式。因為隨著你分享次數的增多，你會收集到各種各樣的見解和問題，這就跟雇用了一批駭客幫你「捉蟲」一樣。現在你免費雇用了一大批的分享對象，幫你找出自己還需要往知識體系裡添加些什麼，或者原有的體系有什麼邏輯問題，簡直是太划算了。

知識體系的穩固是個長期的過程，這個過程離不開上面的各種「笨辦法」，而只有持續踐行這樣的「笨辦法」，你的知識體系才能更加接近正確和完整。

持續學習，為何你無法堅持下來

學習的動力

知識這個東西，僅知道怎麼學是不夠的；知道怎麼學和有動力堅持學是完全不同的兩碼事。

學習在大多數時候都是討人嫌的，因為很枯燥，尤其是系統性的學習，更加枯燥。但世上就是有那麼些人，在明知道紅燒肉更好吃的前提下，還是選擇吃水煮青菜，結果就是他們的身材可能會更好，身體也相對更加健康。

他們的自我管理能力為何這麼強，或者說他們的意志力源於哪裡？有一個聽起來很簡單但很實在的答案，就是要有清晰的學習目標，並懂得行為和目標之間的關聯。

《三國演義》裡，曹操為了激勵士氣，對著已經渴得走不動道的將士們一本正經地瞎說道：「前面有一大片梅林，又甜又酸，用來止渴再好不過。」將士們一聽，口水直流，拚命行軍，真的很快就看到了水源。這雖然只是「畫個餅」，但也能看得出一個清晰的目標對於改善行為的作用。試想，如果曹操不畫這個餅，大家蔫巴巴地上路，龜速行軍，可能還沒看到水源就會有很多老弱殘兵歸西了。

學習也是一樣。很多人會在開年的時候，為自己定下很多目標，然而如果有人將它寫下來並保存到年終，就會發現能夠有效執行的怕是寥寥無幾。這種動力迅速衰退的現象在大多數人身上都能看到；關於懶惰的認知我們提到過，之所以我們會懈怠，最大的原因是認知能力不足，表現在學習上就是目標不夠清晰，或者並不真正了解行為跟目標之間的關聯。雖然大體上知道這麼做有用，但可能並不必然有用，或者不這麼做，沒準也有用。

持續學習的動力來源就在於，對目標的認知，面對違背自己本性的事情，每個人都需要有一些動力；愈確定自己要變成的那個樣子是自己真正想要的，愈確定自己正在做的行為能有效導向那個目標裡的樣子，那麼我們的學習動力就會愈足。

讓收益可見

學習跟打遊戲有些相似之處，比如都是任務制，但它們也有些不同。打遊戲完成任務後的經驗值獲得是看得見的，多增加一個經驗值，就能厲害一分，這是個線性可見的對應關係。學習則不然，不管你一時之間給自己塞下多少知識，看上去都沒什麼變化。也許你真的變得更好了，但由於收益回饋不即時，就很容易給人一種徒勞無功的感覺。

人是需要短期刺激的動物。如果讓一個孩子堅持五分鐘不動，就給他一塊糖，那麼他能堅持住。如果讓一個孩子堅持五十分鐘不動，就給他一百塊糖，那麼他可能最後一塊也拿不到。

於是，解決的方案就得從收益的可見性和即時性入手。

要讓收益即時可見，最簡單的方式就是目標分解。大多數人在做事開始之初，由於沒有積累，就進入不到快速增長的紅利期，於是可能要花費十分力氣才能有三分收益；但一旦上了軌道達到某個積累點之後就會迅速突破瓶頸，這時只需要三分甚至一分力氣，就能有九分或者十分的收益。如果用圖來表示，大體是下面這樣的：

從圖中可以看到，普通人在到達快速增長點之前，往往是過了很久都沒有什麼回報。這個時候我們很容易就會沮喪，進而放棄。

為了不至於半途而廢，我們就需要找一些短期刺激來獲取成就感。不管這些成就感是不是由我們自己創造出來的，總之，我們的目的就是需要讓自己足以感知到每一次微小的進步，這樣就有理由說服自己接著往前走。

不過，僅是知道目標分解就可以了嗎？肯定是不行的，目標分解的範圍太大了，怎麼分，分到什麼程度，這些都是很有彈性的，我們還需要一些準則。

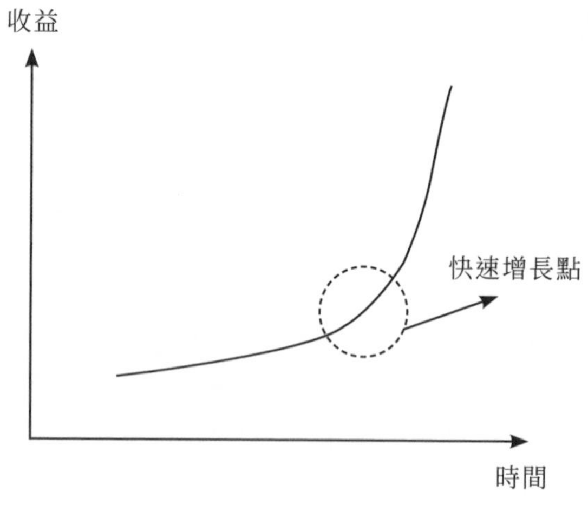

首先，我們很容易就能將自己的某個宏偉目標分為短期、中期和遠期目標。這個不難，只要你畫出一個大體的路線圖就能完成。其次，我們可以把這些目標繼續細分，比如中期目標是由若干短期目標群組成的，遠期目標是由若干中期目標群組成的。再次，我們把自己縮小，將短期目標當成最初那個宏偉的目標。最後，再重複一次這個過程，直到什麼程度呢？直到你的每一個小目標都是收益可見的短期目標為止。

這有什麼好處呢？就像我們在玩角色扮演的遊戲時一樣，很多時候我們因為等級限制，做不下去任務，於是，不得不回到枯燥的打怪練級生涯。這時，遊戲公司就用了這個小技巧，它不會讓你打很久的怪才能繼續下一個任務，否則很多人就沒興趣了；所以它給你的，一定是一些收益可見的短期就能完成的目標，讓你的每一次小努力都能開啟一些新篇章或新玩法。

學習當然也可以借鑒遊戲的設計模式；我們倦怠，我們不愛學習，很大程度上是由於學習帶來的效果在短期內是不明顯的。當你像玩遊戲一樣，看得到自己的每一點經驗值上漲，也就是收益的量化較為確定的時候，我們就知道自己努力多久能達到什麼樣的程度，可以達成哪些階段性的成就，這樣我們的努力才會更有動力。

因此，分解目標請從分解成確定收益的短期目標開始。如果你分解出來的短期目標，達成以後是沒收益的或者收益的確定性不太明顯，那就得重新分、繼續分，直到將自己的學習過程設計成遊戲一樣有吸引力為止。

學會正確計算價值

學習肯定能得到價值，這誰都知道。

那麼當你看完這本書的時候能得到多少價值？可能很多讀者回答不上來，也許有小部分人還會認為沒價值，因為不會計算，也不知道如何計算。

正因為不懂得正確計算，再加上短時間內看上去確實並沒有多大改變，就很容易認為學習沒價值，於是，放棄似乎就成為很理所當然的選擇。

其實學習是這樣一件事，它跟搬磚不太一樣，搬磚的工資是日結的，而學習可能是按年或者是更長時間後，一次性結給你的。只有結到你手上的時候，你才知道，哦！原來是那個時候我學了這個。更有甚者，是已經結到了你的手上，你都不知道解決問題的關鍵是，由於你運用了某些之前學到的思維方法。為什麼感知不到？因為它已經成為你的一部分。

我以減肥舉例，肥胖是人類的天敵，這是我們經歷了長時期的物資短缺時代所致，我們的基因為了保命，肯定得設定一個容易將多餘的能量轉化為脂肪的機制。很多人會盯著模特的身材流口水，於是給自己設定一個每天跑十公里的目標，告訴自己，堅持三個月，我也能成為他！一天過去了，兩天、三天……一週過去了，不僅雙腿發軟，看著自己的小肚腩也沒有絲毫變小的趨勢，於是往沙發上一躺，減肥之旅就這樣結束了。

為什麼會這樣？因為我們不會正確計算價值。如果上帝告訴你，只要如此堅持三個月，你確實能瘦下十五公斤，那麼大多數人應該都能堅持下來。為什麼？因為這時候你開啟的計算模式是這樣的，九十天瘦十五公斤，那麼每三天就能瘦〇．六公斤，於是你就不需要再量體重了，只要每過三天告訴自己瘦了〇．六公斤，離更好的自己又更近一步就行了。

所以，當我們遇到那些「長期高回報」的事情時，就需要在心中創造一個虛擬的上帝，學會遮蔽模糊的感覺計算，開啟精細化的計算模式。

比如，對一個堅持學習、堅持獨立思考、堅持踐行的人來說，十年以後賺到一千萬元（本書幣值單位若無特別註明，皆為人民幣。）是一件機率不小的事。於是你可以開啟精細化計算模式，年薪一百萬元，僅一天就能有三千元，這樣你就不會因為現在每月只能賺到三千元而認為學習沒用，反正你告訴自己每過一天賺三千元就行了。時間一定會在進入上一節圖中的「快速增長點」之後爆發式回報給你，這樣學習的價值就很清晰了，足以在很長一段時間內，給你提供足夠的動力。

有人會說，賺到一千萬元哪有那麼容易？是的，允許懷疑，我只是提出一種計算方式，你當然可以將符合你的認知的其他事情、其他日子、其他金額替代進去。只要懂得什麼樣的事情該用什麼方法計算就行了，很多時候，哪怕帳面收入暫時沒有增加，這也並沒有什麼，你可以將這份錢想像成你幫自己開個戶頭暫存了起來，一定會有一次性取出的那一天。

知識不是無用，是你不會用

找到效率最高的變現點

很多人都在感慨，為什麼自己學了這麼多知識，都沒有用武之地？於是，讀書無用或者知識無用的想法，自然就在他們的心中生根發芽。其實，按照我們前面對知識的分類來看，只要你的知識是有效知識，又經過自己的思考對知識進行了等級提升，那麼幾乎都是有用的。其實，還有比知識本身更為重要的東西，那就是尋找到知識最佳變現點的能力。

道理十分簡單，一個人不可能不積累任何知識，但從知識本身到用知識提供價值，自然還有千萬條路，找對屬於你的變現價值最高的那條路，自然就是你能利用知識賺多少錢的關鍵。

當然，如果你學知識僅僅是為了精神享受，一點物質需求都沒有，那麼完全可以跳過這一節。但對多數人來說，知識除了能帶來知識本身的滿足感以外，若是順道能用來改善物質生活，那自然是再好不過的了。

事實上，不管你獲取知識的初衷是什麼，哪怕你再不願意用知識來賺錢（有這樣的人），你也或多或少被捲入了知識變現。因為知識不僅僅有理論知識，還有實踐知識，就算你的工作只是枯燥的流水線般的體力活，至少換個人來做也得熟悉一陣才能勝任，那麼你不正是在用你自己的實踐知識或者經驗知識賺錢嗎？

然而，這樣的變現效率顯然是太低了。知識與知識之間可以進行組合，很多時候，幾個簡單的知識相互串聯起來，就會有意想不到的組合效果出現，這就需要我們自己去尋找。知識每個人都有，或多或少，類型不同的區別而已；但變現模式，或者說好的變現模式，卻不是人人都找得到的，這也是變現模式的重要性和難點高於知識本身的原因。不過知識組合也不是隨意拿來就組，想要找到更高效的變現模式，主要看兩點：

第一，別人是否能夠在短時間內掌握你的知識變現模式。這表明你的知識是否稀缺，變現模式是否能被簡單模仿。

第二，你的知識變現模式是否有足夠廣的受眾。

通過檢驗這兩點，如果你的變現點和變現模式裡，有只有你才能完成的高附加價值，或者是只有包括你在內的少數人才能搞定的核心價值，而很多人又很需要這項服務，那麼哪怕你的這項知識組合中的每個單項看上去並不那麼值錢，組合起來以後也能成為較佳的變現模式。

比如你是一個教英語的老師，你的這項知識技能看上去並不值錢，只能領到一點微薄的工資收入，哪怕加上課外輔導，收入依然有限。如果你會寫原創文章，這依然不是什麼很厲害的知識技能，會寫原創文章的人千千萬，絕大多數只能偶爾投投稿，根本賺不到錢。

如果你不去尋找更多的可能性，而將自己擁有的知識割裂開來，那麼就永遠找不到更好的知識變現模式。你可以試著將這兩項知識技能給組合起來，開一個公眾號，然後讓學生和學生家長訂閱並幫你傳播。這時，知識技能的稀缺性就體現出來了。你可以接一點英語相關的廣告，也許接上幾個就能比教一年書的收入多。更有甚者，可以打造一個屬於自己的品牌，建立起更大的線上課程平臺，後面還有著無限的想像力。

所以，努力尋找自己現有知識的最佳變現模式，是比知識本身更為重要的事情。別等待，現在就拿起紙和筆，把自己擁有的知識技能都列出來，然後看看能不能組合出什麼有意思的職業，或者能不能創造出新的服務形式。

網路時代的知識變現

不管你賣的是什麼東西，遲早都要面對這個問題：「你是想賣得更貴，還是賣得更多？」

在網路時代以前，我們似乎沒什麼更好的選擇。選擇薄利多銷的，通常只是迫於同質化的競爭壓力，一旦自己的商品或提供的服務有一點點差異化價值，我們可能馬上就會選擇漲價，也就是選擇賣得更貴。這也是沒有辦法的事情，因為地域限制，無論我們所處的地方看起來多麼繁華，人流的天花板也是顯而易見的。但是賣得再貴，終究也要跟區域的消費水準相一致，所以很容易就到達了價格的天花板。

不過自從有了網路之後，就不太一樣了。一位小有名氣的網紅教師，一場付費授課就能賺上萬元。是他教得特別好嗎？也許吧，但市場容量的大幅擴展才是關鍵。網路市場不是線下能比的，如果每人花一元就能獲得自己想要的知識，大家都心甘情願。若是有一萬多人同時聽課，可不就是上萬元了嘛。這事兒要擱線下得多恐怖，一萬多人同時聽課，相當於開演唱會的排場。**網路跟線下最大的區別就是「邊際」，線下到了一定的規模，邊際成本的增長就會非常快，而網路則趨近於零。**無論是給一個人上課，還是給一萬人上課，你都只需要做這些準備工作，你都只是這麼講課，多增加多少人都無須增加額外的成本。

所以針對網路邊際趨近於零的特點，最好的知識變現模式是什麼？以增加人數為主，提升價格為輔的變現模式（不斷降價直到繼續降價也不怎麼增加人數了為止），其中最有代表性的就是「影響力變現」。

只要你的某一個方面可以真實地聚攏一批人圍繞在你的周圍，那麼就可以說你在這個方面擁有影響力。影響力的中心和聚在中心旁的個體之間是層級關係，愈靠近中心的人，層級愈高。層級高，有什麼好處呢？不僅中心作為最高層級可以向其他層級的個體輸出價值來獲取經濟利益；那些靠近中心的人，也同樣可以向更低層級的個體輸出價值來獲取經濟利益，比如某些更靠近明星的粉絲團團長，他們也可以利用明星這個中心來向其他粉絲提供服務，也有自己的變現模式。

在影響力時代，我們的目的不再應該以單次收入為主，而是應該降低售價，讓更多的人知道你能提供他們需要的價值。此時，擴散才是比一時的收入更為重要的事情，讓更多的人長期聚攏在你這個價值中心的周圍。

你可以想像一下，當基數大了之後，無論你提供多麼普通的產品和服務，終究能找到有需要的人。雖然網路是去中心化的，但總會有那麼一些結點，它們可以連接到更多的人，更像是去中心化結構中的中心。只要建立這樣的中心，你的每一份知識價值都會被成百上千倍地放大，這才是網路時代知識的正確變現方式。

我們就是要先找到自己的影響力範圍，然後找到最適合自己輸出獨特價值的點，以擴散而非賺錢為目標去向更多的人持續輸出，努力成為這樣的價值中心。

第三章

賺錢是一門技藝——重新認識金錢

我們該如何對待金錢

金錢，泛指貨幣，由一般等價物脫胎而來，是商品交換的媒介。我們說某個東西值錢，就是指這個東西可以換到較多的金錢數。對於金錢的作用，每個人都有自己的認知，但我敢保證，大多數人事實上並不真正知曉。這個世上絕大多數人都想賺更多的錢，他們背井離鄉、起早貪黑、省吃儉用，但金錢就是與他們無緣。為什麼？無他，只是對金錢和獲得金錢不具備深刻的認知。本章著重講對待金錢的正確態度，以及如何才能賺到更多的錢。

突圍方向

要與金錢建立聯繫，首先要建立起對金錢的正確認知。不要抗拒它是第一步，其次認清自己對金錢的渴望程度，看到自己真正想要什麼。如此才能進一步糾正那些對待金錢的錯誤方式，得到獲取金錢的正確認知。

我們很多人忽略了前幾步，喜歡直接跳到最後一步。這樣急功近利的思想最終導致學到的東西要麼難以執行，要麼不願意執行。

認知清單：

- 人格決定錢格，金錢影響道德。
- 渴望程度決定努力程度，正確方向上的努力程度決定成績。
- 花錢比省錢更符合道德標準。
- 無節制地省錢是錯誤的金錢觀，無節制地花錢也一樣。
- 在開源和節流產生衝突的時候，通常情況下，堅定地站在開源這一邊。
- 不同種類的勞動，產生的價值當然是不同的，但考慮到邊際，同種勞動產生的價值也是不同的。
- 不可替代性和稀缺性才是最大的價值，而金錢是這種價值的外在表現形式。
- 讓別人賺到錢就是讓自己賺到錢。
- 風險盈利並不等同於賭博，風險思維是一種策略，賭博思維是純憑運氣。

金錢是人性的放大鏡

錢格與人格

金錢，它的魔力來源於其作為一般等價物的特性，具有與其他任何商品進行等價交換的現實合法性。而現實世界中，絕大部分的東西本質上都是可交換的商品，包括有形的建築、手機、杯子等，無形的服務、時間甚至是你的情緒，這盞幾乎可以隨心所欲滿足欲望的阿拉丁神燈，自然成為人人迷戀的對象。

金錢本是一件死物，但當人開始跟金錢打交道的時候，好像就活了起來。當你用它去點燃他人的希望之火時，每一個子兒都閃耀著希望。當你為了得到它而不惜傷害他人時，每一枚銅板又都散發著臭味。因此，就如人有人格一樣，看上去似乎錢也有「錢格」，不是還有句街知巷聞的俗語嗎——金錢是萬惡之源。

那麼金錢究竟是善還是惡呢？那就得看人用它來幹什麼了。不管人與金錢的關係如何變化，可以肯定的一個事實是：金錢離開了人以後，是毫無意義的，它只是人用來換取商品和服務的中間態。人的目標是通過金錢換取商品和服務，從而得到自己想要的情緒體驗。在這裡，金錢僅僅是一個媒介，而很多人卻錯把媒介當成了目的。

所以，很多人在被生活的煩惱、痛苦蹂躪時，想當然地就認為金錢有問題，是金錢奴役了他們，金錢是他們不快樂的源頭。但事實上，金錢卻並沒有改變任何事，金錢僅僅是一個人性的放大鏡。吳曉波說：「金錢讓人喪失的，無非是他原本就沒有真正擁有的。而金錢讓人擁有的，卻是人並非與生俱有的從容和沉重。金錢會讓深刻的人更深刻，讓淺薄的人更淺薄。金錢可以改變人的一生，同樣，人也可以改變金錢的顏色。」

雖說金錢無道德屬性，但賺錢有，在自由市場下賺錢真的是一件很有道德的事情。甚至可以毫不誇張地說，自由競爭下，誰賺錢賺得愈多，誰對社會的貢獻就愈大，這裡雖然並沒有嚴格的線性關係，因為還有風險等影響因素，但大體是這樣的。

道理很簡單，**金錢是價值的外在表現。別人付你錢，是因為你向他們提供**

了價值，你的所得就是你提供的價值在當前市場中的單價乘以惠及的人群數量。

於是，你幫助的人愈多，你的幫助價值愈大，那麼你賺的錢自然也就愈多。所以年輕人要建立起「賺錢就是幫人」的價值觀，不要羞於談錢，也不要恥於賺錢。

有錢人更有道德

道德，用一句話概括，就是一種以主流價值觀為原料形成的規範社會人行為的共識，道德感則是執行道德的主觀意志。我們常常用一個人是否具有道德感來判斷這個人是否擁有良好的修養，是否值得交往，所以道德感是判斷一個人品行的重要特質。

如果我說有錢人更有道德，可能很多人都不會認同。在他們聽來，這無疑就是對他們既有認知的一種踐踏。

「新世相」的一篇文章裡提到美國康乃爾大學做過的一個調查，給畢業生提供兩份工作：一份是給美國癌症協會做宣傳，勸誡青少年不要吸菸；另一份是給菸草行業寫廣告，鼓勵大家吸菸。結果九〇%的人選了前者。調查裡還有一個問題：「第二份工作的工資要高到什麼程度你們才會改變主意？」結果是，第二份工作要比第一份工作的工資高出八〇%，人們才願意選擇。

人們往往會高估自己的道德水準，是因為沒有赤裸裸的金錢放在面前。對於大部分參與調查的畢業生來說，他們的道德感價值就是比第一份工作高出八〇%的薪水。不過如果更換一個測試群體，讓增加收入已無法改善生活品質的富豪們去接受這個測試，恐怕第二份工作的工資再高也難以打動他們。

所以，雖然道德感在每個人心目中的金錢價值各不相同，但它們都是可量化的，影響這個量化標準高低的一個是所受的教育，另一個是本身擁有的財富。

管仲在《管子．牧民》中有一句經典名言：「倉廩實而知禮節，衣食足而知榮辱。」這句話深刻地闡述了一個人只有在保證擁有足夠財富的基礎上，才能更多地把心思放到禮節和榮辱上。窮人並非天生道德水準低下，而是他們受到的誘惑更多、更大，因而保持道德操守的難度相對也就更大。例如，路上隨處可見的窨井蓋，富人去偷的可能性極低，而對於身無分文的窮人，就容易在沒人看見的時候，拿去換點錢。再如，眼看著前面的人從口袋裡掉下十元錢，只要能解決溫飽的，大都會選擇拾金不昧，交還給失主，因為遵從道德帶來的愉悅感受比十元錢更有價值。若換了一個衣不遮體、食不果腹的人，很大的機率會撿了就跑，因為對他來說，生存需要才是最重要的。

看到這裡，就有人會提出異議：「難道有錢人就都是道德高尚之人？你沒聽說過『為富不仁』這個詞嗎？」

這裡就犯了一個邏輯錯誤，有錢人當然並非都是道德高尚之人。事實上，我們也看到過許多為富不仁之人。然而我們並沒有證據證明，那些為富不仁之人，「為窮」後就會突然變仁了。因此，在金錢因素以外，道德感並不一定會因為他是富人或窮人而發生變化，但在金錢因素以內，富人背棄道德感的閾值確實會更高一些。

你對金錢遠沒有那麼渴望

你對金錢的企圖心

鑒於金錢的巨大作用，每個人多多少少都對金錢有一定的渴望，但每個人對於金錢的渴望程度是有著雲泥之別的。在這裡，我給大家舉兩個例子。

前幾年在網上有個影片特別火紅，叫《你究竟有多渴望成功》。裡面有一個年輕人問大師：「我怎樣才能像你一樣成功？」大師說：「如果你想知道，明天早上來海灘見我。」

第二天四點，年輕人去了。大師問他：「你真的很想成功嗎？」年輕人說：「我真的很想。」於是大師讓他徑直往海裡走，漸漸地，潮水沒過了他的膝蓋、他的腰、他的肩膀。大師依然在喊：「再走遠一些，再走遠一些。」這時，潮水淹沒了年輕人的嘴，大師這才示意他往回走。

大師問他：「你真的想成功嗎？」年輕人回答：「是的！我真的很想、很想！」大師聽完突然將他的頭按進海裡，隨後提起來，又按進去，如此循環往復。就在年輕人快不行的時候，他對年輕人說：「當你對成功的渴望能與此刻對呼吸的渴望相媲美時，你就會成功。」

這像不像雞湯？可能很多人認為根本就是，但很遺憾，就算是雞湯，那也是事實。當我們對事物進行判斷的時候，該面對的是事物本身，而不是對雞湯或者類似概念產生偏見。當你說自己很想賺錢的時候，是不是正躺在柔軟的沙發裡邊看電視邊修指甲？當你說很想賺錢的時候，是不是正跟朋友一起狂歡？當你說很想賺錢的時候，是不是正關掉鬧鐘準備睡個回籠覺？

對了！你可能不是真正地很想賺錢，你只是有點想，你對金錢的渴望比不上參加派對、比不上玩遊戲、比不上看綜藝節目，甚至比不上睡懶覺。你只想在不付出任何努力的前提下，無條件獲得金錢的青睞。

很多人都知道巴拉昂，法國的媒體大亨。一九九八年，巴拉昂臨終前在遺囑上寫了這樣一段話：「我曾是一個窮人，卻是以一個富人的身分走進天堂的。我不想把我成為富人的祕訣帶進天堂，現在祕訣鎖在法蘭西中央銀行的一個保險箱內。誰若能通過回答『窮人最缺少的是什麼』而猜中我的祕訣，他將能得到我的賀禮一百萬法郎。」

之後很多人陸續寄來了他們的答案：有人說窮人最缺少的是金錢，因為有了錢以後，窮人就不再是窮人了；有人說窮人最缺少的是機會，窮人之所以窮，因為沒有遇到好時機；有人說窮人缺少的是技能，現在能迅速致富的都是有一技之長的人；還有人認為窮人最缺少的是幫助和關愛。不過，最後只有一位叫蒂勒的九歲小姑娘猜對了巴拉昂的祕訣：窮人最缺少的是成為富人的「野心」。

野心就是企圖心，是描述你對一種事物的渴望程度。窮人之所以是窮人，之所以看上去努力賺錢卻賺不到錢，是因為他們根本沒有那麼想賺錢。**一個人的渴望程度決定了他的態度和行為，沒有強烈企圖心的人自然會在行動力上體現出懶惰。**很多人可能會舉出那些清潔工、人力車夫、搬磚工等苦力勞動者的例子，為什麼他們早出晚歸，付出極大的辛勞依然沒有多大回報呢？他們的家庭貧困，應該對錢有很大的渴望才是啊！這種想法是不對的。

首先，更貧困不一定對錢的渴望就更強，正如我剛剛所述，很多人愛錢，卻只想無成本地獲取。其次，早出晚歸，看上去付出極大的辛勞也賺不到錢，但依然做這份工作，就說明他們根本沒有改變的動力。至少沒有技能之類的，都是托詞，社會上到處都是學習機會。如果他們不願改變，只能證明其實他們沒那麼想讓生活變得更好，或者他們認為學習太辛苦了，比苦力更辛苦。

這是窮人和富人最本質的區別，這個區別足以將這兩種人涇渭分明地區分開來。當然，窮人看上去也缺錢、缺機會、缺技能、缺運氣，但缺錢是外在表現，卻不是內在因素。事實上，窮人和富人的差距，並不是字面上的一個「錢」字可以概括得了的。

要說缺機會，每個人一生中都會有很多機會，只是符不符合開啟的條件而已。要說缺技能，窮人和富人都有同等機會去重新學習，學習技能並不需要很多錢。要說缺運氣，如果把窮人都歸於運氣不好，富人都歸於運氣好，未免就太野蠻了。我們提到過，除了極少數的人以外，大多數人的好運氣是自己創造的。

那麼，如何讓一個窮人對金錢擁有野心呢？

最好的方式就是強行將其扔到一個充滿野心的陌生環境中，逼著他向周圍的人看齊。當一個人周圍的人群都野心勃勃時，那麼自然也會想大幹一番事業。當一個人身邊都是沒有理想、得過且過之輩時，即使擁有一點野心的小火種，也立刻會被周邊人的冷水給澆熄，久而久之，此人無所作為的機率自然就大了許多。

那些愚弄自己的努力

有人會提出反對意見：「我很渴望金錢，對此我願意付出艱苦的努力，並沒有想無成本地獲取，且我明明比別人努力得多，為何還是賺不到錢呢？」

這讓我想到了懸梁刺股這兩個故事。對！它們是兩個故事。東漢的孫敬為了念書不打瞌睡把頭髮綁在房梁上，只要疲勞頭一低就會把自己疼醒，繼續看書，這是頭懸梁。戰國的蘇秦為了念書不打瞌睡就預先在桌子上備好一個錐子，只要疲勞瞌睡蟲襲來，就馬上往自己大腿上戳一下，把自己疼醒了好繼續看書，這是錐刺股。

這些故事的確讓我們感動，而我們之中的某些人也依樣畫葫蘆，經常挑燈夜戰學習或工作到半夜兩三點，卻並沒有什麼產出，究竟是哪個環節出了問題呢？

按照麥爾坎·葛拉威爾（Malcolm Gladwell）在《異數》一書中的觀點，任何一個普通人在某一領域的積累達到一萬個小時的時候，就該從平凡進化成超凡了。當然我們不對他的觀點進行咬文嚼字，假定這個領域並非先天要求非常高的領域，那麼有沒有人堅持了一萬個小時，然後一無所獲呢？

有！而且大多數人都是。看一下自己當下從事的領域，再審視一下自己的身邊人，我想很多人在某個領域都有超過一萬個小時的積累，但他們都成為專家了嗎？他們的收入大幅提升了嗎？大多數人都沒有，因為大多數人所謂的努力和積累，僅僅是一個一直在愚弄自己的騙局。

努力的效果累計，不在於努力的時間段，不在於磨了多久，而在於有效時間有多少。有效時間，首先指的是花在有效的學習區域裡的時間，其次這個時間是「學習的總時間×學習效率」後得出的時間。

那麼有效的學習區域在哪裡呢？大家都聽過，美國密西根大學商學院教授諾爾·迪奇（Noel Tichy）關於舒適區、學習區和恐慌區的理論。我也就不再詳述，只做簡單說明。

在舒適區裡，你做的是自己最熟悉的事。在這裡，你只能加強知識和技能的熟練度。我們很多人做事就永遠停留在這一層，所以別說一萬個小時，就算後面再加個零也是無濟於事，因為熟練度很快就會到達天花板，到了一定程度後，再增加時間也很難提升。

在恐慌區裡，你要做的不是不擅長的事，而是根本不理解的事。這裡的知識和技能超出你的邊界太多，基本無論如何努力，都難以一窺門徑。在這個區域中，你會焦慮、恐懼、不堪重負，也不是有效的學習和提升區域。

在學習區裡，知識和技能都是我們能懂但不太懂的，屬於那種跳跳能夠到的高度，充滿了新穎和挑戰。在這裡，我們可以透過擴展邊界來得到最大限度的成長，這才是學習和提升的有效區域。

雖然我們都知道這個理論，也都認為理論裡說的是正確的，那麼為什麼還是不願意去學習區呢？想想前面說的懶惰是因為什麼就明白了。

既然建築在學習區域上的有效時間，才是決定努力成果的關鍵因素，現在再回頭看一下，學習成果這件事，跟我們學習或工作到淩晨兩三點還有很大關係嗎？

問問自己下面這幾個問題：

1. 你是否堅持在自己的學習區進行努力？

2. 深夜多努力了兩個小時，白天有沒有浪費兩個小時？

3. 如果拿深夜的學習或工作時間來替代白天的，那麼確定深夜的效率高過白天嗎？

4. 深夜的兩個小時內，有沒有刷過手機，有沒有想過雜事？如果有，你的淨有效學習或工作時間還剩下多少？

5. 如果白天的安排更有效率，是否能避免熬夜行為？

6. 「努力」過後，是否有發過微信朋友圈？

在審視完前五題後，很多人可能會對第六題發出疑問：「發朋友圈怎麼了，發朋友圈就證明我剛才的努力無效了嗎？」並不是，不管發不發朋友圈，你之前的行為都已經完成，照理說該是不影響，但發朋友圈這個行為，本身就代表你的學習或工作動機有一定的偏差。朋友圈的點讚和讚美會導致我們更容易自我感動，且更容易在潛意識裡驅使你將本該在白天完成的學習或工作，帶到深夜去完成。可以回顧一下，那個為了獲得好評和獎賞而欺騙自己的大腦。

無節制地省錢是個大坑

省錢與花錢

在很多人尤其是我們的父母輩眼裡，省錢和節約錢是畫等號的，花錢和浪費錢也是畫等號的。一個人老是在省錢，就算是會過日子的。一個人老是在花錢，就肯定是個敗家子。當然，這種思想的形成是有特定背景的，這必然萌生於資源極度匱乏的時期。由於普通人是很難跨時代思考的，因此他們的價值觀一般都僅僅源於生存現狀和現有經歷，一旦形成就很難轉變。

那麼省錢是不是等於節約錢，花錢又是不是等於浪費錢呢？我想大部分人都能看得出來，它們有明顯的不同。節約，有節制、約束的概念，而「省」卻並不具備，很多人省錢省成了摳門，但還叫省錢，卻不能叫節約錢了。浪費，它跟「花」的區別就更加明顯一些，花不必要的錢叫浪費錢，花不必要的精力叫浪費精力，它的中心思想都是圍繞三個字——「不必要」。但「不必要」這三個字實在是過於主觀，因此，浪費基本是個主觀詞，並沒有什麼界定標準。

省錢和花錢僅僅是兩種行為，它們基本不包含任何道德屬性，這分明是簡單的財務調配問題。你之所以省錢，並非是想把錢帶進墳墓。這樣的人畢竟是極少數，大部分的人都只是想把它調配到他們認為的更重要的地方，或未來可能會出現的更重要的地方。

先說那個「更重要的地方」。很多男人不允許自家女人買化妝品，很多女人不允許自家男人花錢玩網游，給孩子報個昂貴的補習班卻眼睛都不眨一下。問題就來了，你的另一半會很詫異：「你憑什麼覺得我在浪費錢，給孩子花錢就不是呢？」每個人都不能用自己的喜好來判斷別人花錢的標準，因為你沒法體驗別人能獲得的樂趣，所以判斷「浪費」很主觀。

再說說「未來可能會出現的更重要的地方」，這是安全感不足在作祟。在未來發生的A事比你一直想做但沒做的B事更重要，於是你認為自己在當年省下了B事的錢很明智；但問題是，未來的A事與當年的B事的體驗是無法進行橫向比較的。因為環境不同，而你也無法確定，如果當年把錢花在了B事上，會不會比現在更好。

就算你真的認定A事就是比B事重要，當你為了這個更重要的A事花錢時，你怎麼知道更遠的未來不會有更重要的事呢？如果你有這種強烈的不安全感，就該永遠省才對，因為未來永遠不可知，省無止境。可能到了人生的最後才會發現，你錯過的不只是B事，還有C事、D事……延遲滿足不錯，但過度省錢肯定是沒有道理的。這個度在哪裡？我們之後會講到。

省錢和花錢只是財務調配問題，但若是有人一定要追究它們的道德偏向，那麼還是花錢會更傾向道德一些。我們說一個人有道德，它表現在哪裡？一般來說，能發自內心地做到毫不利己、專門利人，我們就會認為這個人很有道德。省錢這回事顯然是利己的，我省下了錢是因為我覺得省錢對我有好處，它沒有一點利人的屬性，這很容易理解。而花錢這回事，花得值，那就利己利人，花得不值，那就是利人而不利己。省錢是讓自個兒高興，跟別人毫無關係，花錢是讓別人高興，自個兒還不一定高興，所以一定要區分的話，自然是花錢更偏向道德一些。

你看，這些我們平時想當然的事情，有時是經不起琢磨的。

省錢的初始動機

省錢的初始動機在於貧窮，而不是美德。

當手中的可支配資金寥寥無幾時，你自然就會變得節儉，這是一件無須別人教你或給你動力的事情，因為你根本沒有選擇。因此，省錢在最初一定是跟貧窮畫等號的。

但這個世上還是有一些人，已經擁有了顯赫的財富和地位，看上去卻依然非常節儉。市面上沒有營養的書籍都會告訴你，那些頂級富豪在擁有了巨額財富以後，在生活上依然如何節儉。比如李嘉誠一件西服能穿幾十年，一張紙正面用了以後反面再用；馬克．祖克柏（Mark Elliot Zuckerberg）的座駕僅僅是一輛本田，最近也只新購了一輛大眾；約翰．考德威爾．卡爾霍恩每天騎車上班、自己剪頭髮之類，然後塞給你「成由儉、敗由奢」的道理。

姑且不論這些事情的真假，有一個誰都應該知道的事實是，他們現在的財富肯定是與他們的節儉沒有太大關係的，哪怕他們天天省得如非洲難民一般，也無法在有限的生命裡聚攏巨額的財富。積少成多、聚沙成塔？不知你有沒有見過那些摳摳搜搜的老婦人，她們一直在聚沙；但隨著通貨膨脹，不僅沒成塔，連沙都給漏光了。

你見過李嘉誠幾十年穿同一件西裝，可能不知道他花了八億台幣建別墅；你見過祖克柏開著舊本田，可能不知道他花了一億美元買島給自己度假；你知道考德威爾騎車上班，可能不知道他有多艘遊艇和直升機。

他們所有的節儉行為都只是一種無意識的習慣行為，而並非刻意省錢。這些習慣性的行為僅能證明他們可能曾經是窮人，他們曾經跟你一樣，除了省錢毫無選擇，因此某些小習慣在他們的身上已經打下了深深的烙印，直至現在還留著。但很多人卻將節儉這件他們當年不得不選擇的事情，當成了他們現在獲得成功的理由，實在是本末倒置。

省錢省丟的東西

談到省錢的好處，「積少成多」是比較常用的，因為這個詞非常「真理」，就脫胎於最簡單的數學運算。不過，我並未看見幾個一味「積少」的最後「成了多」，就算有那麼幾個，「成多」多半也不是因為「積少」。

有個富人說：「成為富人的祕訣非常簡單，就是每天往口袋裡放入十個金幣，只拿出九個來花，長久下去，你就能成為富人。」這很明顯只是寓言故事，為了說明積少成多這個宇宙級真理用的，但我們這個真實的世界卻遠比這樣簡單的道理複雜得多。積少成多是一種靜態思維，它既不考慮通貨膨脹，也不考慮金錢附著在人身上引起的價值變化，它人為地創造了一個真空無菌的環境，但顯然不符合實際。

錘子手機的創始人羅永浩說：「一個人可勁兒省錢是對自己的不自信。」在一次訪談節目中，羅永浩談到了年輕人花錢的問題，說自己二十多歲時在新東方的年薪就已有六十萬元，但一分錢也沒存下。他表示，年輕人不要存錢，敢把每一分錢都花乾淨的人，將來肯定能賺大錢。

這話我部分認同，認同的部分就是，這種做法對於進取型人格來說，是適用的。

如果你正是進取型人格，又有收入記錄本，翻開它。你大機率會翻到這樣的現象，那就是十年來雖然物價漲了許多倍，但你的收入漲得更多。如果你正處於事業上升期，那就更直觀了。算算你這十年就算不吃不喝能攢下多少錢？可能連你現在一年的收入都抵不上。一方面，你的自身價值一直在提高；另一方面，錢一直在縮水。你會突然發現，以前覺得很多很多的錢，現在不費吹灰之力就能得到，所以不僅是你的錢貶值了，你之前的勞動也貶值了，因為現在單位時間的勞動價值遠遠大於以前。於是對於那些自身有「快速升級」能力的人來說，「攢」的行為就沒有多大意義了。

這個世界的機會組合是非常複雜的，沒有人能算到什麼時候花的錢、花在哪裡的錢，突然有一天就成倍成倍開始回報給你。有些人花錢在打遊戲上，突然就靠遊戲賺錢了；有些人花錢在吃上，突然就靠吃賺錢了；有些人花錢在買書上，突然就靠知識賺錢了；還有人花錢在請客吃飯上，突然也靠朋友賺錢了……十年以後，有些人花著、玩著順便把錢賺了，可另一些人卻只是原地踏步，再一看自己攢了十年的錢，竟然什麼也買不了。

但是，萬一錢花完了卻並沒有產生預期的回報怎麼辦？這當然是可能的，但反過來說，很多我們依靠的賺錢技能，之前也僅僅認為是在花錢而已。花錢就是花錢，用金錢購買體驗並沒有值不值一說，體驗本身就是潛在的財富，沒有產生預期回報，只是你暫時還未找到合適的方式變現而已。對於進取型人格來說，無節制地省錢，省掉的除了錢，還有讓自己變好的可能。除了錢，還省掉了與這個世界產生更多聯結的機會。

如果說錯過的機會沒準兒還能靠時間彌補，有些體驗，可就再也沒法回來了。

還記得你小時候最愛的玩具嗎？父母為了省錢沒有買給你，於是你發誓，等自己有錢了，一定要買好多好多送給自己當禮物。但當你真的能買得起整整一卡車玩具的時候，你還有興趣嗎？談戀愛時，你們的收入都不高，一直望著那層最高的餐廳，想著等有錢了一定要上去吃一次。現在有錢了，孩子都不小了，你們終於坐進了那家餐廳，然而卻找不到什麼特殊的感覺了……很多東西的即時感受不可替代，甚至可能在你的整個生命中也是獨一無二的，換個時間、換個地點或者換個人，都不會再有。

許多人會認為省錢是省不必要的開支，是以不浪費為宗旨，但我們說過，所謂浪費，是個主觀詞，「不必要」也是如此。除了基本的生存保障以外，很多事是根本沒有必要和不必要的概念。驅車三十公里去吃一碗牛肉麵必要嗎？

買一件更好看的衣服必要嗎？跑到山頂去作首詩必要嗎？人生中很多美好的體驗在某些人眼裡是不必要的，但在另一些人眼裡卻是必不可少的。

正確的省錢方式，可以在不犧牲體驗和其他重要代價（比如更高代價的時間成本）的前提下進行。比如去電影院看電影，六十塊錢一張票，突然發現團購有優惠，一分鐘能搞定，而觀影體驗又一模一樣，當然可以選擇省錢。所以要想學會正確的省錢方法，先得知道什麼東西是我們的成本，省了錢以後增加了哪些顯性和隱性成本，以及收益和成本之間的關係如何。

年輕人該擁有怎樣的財富觀

財務重力加速度

看了上面的內容，你可能會有一種錯覺，那就是我一直在說省錢的不對，以為我建議年輕人有多少花多少，其實並不是。我不贊成無節制地省錢，不贊成犧牲所有能犧牲的體驗來滿足內心永無止境的安全感。然而不在一個極端，並不代表就在另一個極端。總體來說，除非你是非常進取又聰明的強能力者，否則適度積累永遠是有必要的。

李笑來提過一個概念，叫財務重力加速度。我們都學過中學物理，知道第一、第二宇宙速度的含義。由於地球重力的作用，在沒有到達第一宇宙速度之前，你都會被地球「拉」回來，直至到達第二宇宙速度，你才能飛離地球。因此，如果你要快速積累財富，就必須克服你在財務上的重力加速度，比如房子、車子、貸款利息、生活必需品、通貨膨脹等，這些都是你在財務上的重力加速度。重力加速度愈大，你的財富積累速度就愈慢，你可以形象地將其想像為「扯後腿」。

可千萬別以為這只是道簡單的算術題，當你一年攢下十萬元，而我攢下二十萬元的時候，你跟我之間可不僅僅是十萬元的差距，而是十萬元的金錢差距加機會成本的差距。如果此時剛好有個非常好的專案需要二十萬元才能投資，我就可能借此搭上財富的快車道，而你要麼等待下一次機會，要麼只能去借錢投資，從而導致自己的財務重力加速度裡又多了一項利息，這樣一來，差距可就不止十萬元了。

因此，雖然我反對無節制地省錢，但我絕不贊同亂花錢，隨意增加自己的財務重力加速度。這裡的「亂花錢」指的是一些超出自己能力範圍或沒有得到有效體驗的花費，例如，在感官刺激上進行大量的簡單重複消費、非理性的衝動消費、超出自己支付能力的超前消費等。這些都是對積累財富有負面作用的消費觀，應當盡量予以規避。

開源永遠大於節流

提到賺錢和省錢的關係，就離不開一個詞：開源節流。但這是正確的廢話，什麼意思呢？不就是增加收入、減少支出嘛。要使口袋裡的錢變多，要麼多往裡擱點，要麼少拿出去點，所以說是正確的廢話。

開源和節流雖然經常一同出現，但它們是有地位差別的，開源的重要性一般來說，都大於節流。有一個最簡單的解釋是，節流有上限，它受制於你的總體收入水準，而開源沒有。

從小到大，父母就一直教育我要節流，因為在他們的成長過程中，很長一段時間國內是沒有什麼好的開源手段的。要做到有效開源，要麼你人脈通天，要麼你就只能承擔極大的風險。在這樣的現實背景下，他們將節流放在更重要的位置一點也不奇怪。但他們一直以來如此辛苦地節流，家裡卻也不富裕，當然，他們可能會怪罪於自己的開源能力不足，於是若還不拚命節流，不就更差了嘛。但其實道理是這樣的，他們本就從來沒把開源放到過更高的位置，開源能力會強才怪呢。

開源大於節流，我可以用一個極端例子展示給你們看。大多數人都是開源和節流狀態並存的，而談論一個中間態的各元素比重的重要性，從極端狀態來考慮是最快的方法。假設有個人年入百萬元，但日日花完，另一個人只賺最低工資，但能省下八〇%，問：「十年後誰能攢下更多的財富？」

這道題如果交由電腦來做，那就肯定是節流的人贏。因為開源的這位，十年後哪怕年收入漲到千萬元，攢下的財富依然是零，但節流的這位不管收入有多麼微薄，十年以後總能攢下幾萬塊錢。但我們是人，我們知道，如果他們兩個意識到自己在進行一場比賽，那最後一定是開源的這位能攢下更多的財富。因為很簡單，開源的這位只要稍微有一段時間不怎麼花錢，哪怕是一個月，就能抵得上節流這位十年來含辛茹苦攢下的所有金錢。我相信這對於開源的這位來說，應該不難。但節流這位就不同了，節流可以說節就節，開源豈能說開就開？人的地位、價值、眼界、認知都已經有了天壤之別，又豈是一朝一夕能追得上的？

開源的人節流易，而節流的人開源難，這就已經很明顯體現出兩者的重要性和地位了。有時候，開源與節流並不衝突，但有時候，兩者之間是會產生分歧的，比如有人願意花錢投資自己，讓自己增值，而另一些人卻認為沒有必要浪費，這個時候就有分歧了，錢是花出去，還是省下來？

仔細分析一下，**投資自己在本質上就是另一種程度上的開源**。如果你將自己理解成一塊收成普通的地，你會將今年的收成儲存起來，還是用來改良自己，以便讓自己在來年成為一塊產量更優秀的地呢？相信十年之後，同樣的一塊地在不同的選擇之下，不管在價值上，還是在收成總量上，都會天差地別。

請記得，當開源和節流衝突的時候，大多數時候，站在開源這一邊都不會有錯。

你的勞動很不值錢

為何收入差距愈拉愈大

除去純運氣帶來的不可預測收入之外，普通的收入通常分為兩種：一種是資產性收入，即利用現有資產本身帶來的收益，如存款、房租、股權分紅、版稅等；另一種是勞動性收入，即利用即時性勞動換來的報酬，一旦停工就會沒有收入。

這兩種收入方式的區別顯而易見，那就是前者是持續性收入，二十四小時都在賺錢，後者是一錘子買賣，靠自己一錘子一錘子鑿，什麼時候錘子不揮了，錢就停止入帳。從普遍情況來看，富裕階層的收入比例中，資產性收入占比較大，而勞苦大眾則剛好相反，長期處於不開工就會餓死的境地，這使得勞苦大眾更加攢不下錢來擁有資產性收入了。

資產性收入的賺錢效率明顯大於勞動性收入，而隨著資產性收入的不斷增加，這些增加的錢又再次成為資產性收入本金的一部分。《聖經》裡有一則寓言，有句經典的話一直被人們引用至今：「凡是少的，就連他所有的，也要奪過來。凡是多的，還要給他，叫他多多益善。」後來人們把它稱為馬太效應，這種「贏家通吃」的現象，在人類社會的各個方面都可見到，也是貧富差距被持續拉大的重要原因。

作為勞苦大眾，想要快速提高收入就得在保證勞動性收入不縮水的前提下，不斷增加資產性收入在你的總收入中的占比，而只有不斷積累各方面的知識、能力與資產，並將它們自帶的紅利利用起來，方能使自己的賺錢速度跑贏大多數人，從而從下層通道慢慢地往上挪。

勞動的價值

從勞動性收入過渡到資產性收入，說說很容易，但真要做起來就非常困難。試想，一個勞動性收入僅能維持溫飽的人，又如何攢下餘錢去擁有資產性收入呢？一天僅有二十四小時，除去睡覺、吃飯，就算都用來工作還是提高不了多少收入，唯一的方式就是大幅增加自己的單位勞動價值。

在二十世紀九〇年代以前，交通不便利、通信不發達、資訊不透明，社會分工比較粗，大量的工作同質化嚴重，需要腦子的地方不太多，大家都是擼起袖子幹，以份數論英雄，以流汗量論英雄。一樣的活，你幹一份我幹兩份，所以我的收入比你高。那個年代，通常誰的力氣大、誰肯幹，誰的收入就高，因此至今很多人依然評價老實巴交、一門心思做苦力的人為「踏實」，這也是他們眼中的勤奮，可以算是經歷過物資匱乏年代後的「創傷後遺症」之一。那個時候，多數人都被當成機器使，就算再有想法的人，也沒什麼發揮的舞臺。

二十世紀九〇年代乃至二十一世紀開始以後，隨著社會分工逐漸細化，這種從同質化向差異化、精細化的轉變過程中，必然伴隨著收入分配方式的變化。物質愈來愈豐富，新的需求不斷誕生，為滿足各種需求應運而生的職業也就愈來愈多，這時人和人的差異性就慢慢體現出來了。有的人由於會玩電腦、會英語等被高薪聘走；有的人什麼也不會，於是依然只能在苦力界掙扎。

許多人此前可能一直認為，按勞分配很合理，付出多少勞動得到多少報酬。但依照這個理論，清潔工應該拿高薪，因為他們起早貪黑，夏天對著烈日驕陽，冬天吹著刺骨寒風，確實很辛苦，比某些在單位混日子的白領辛苦得多，付出的勞動力也足夠大，然而，他們的收入明顯不符合高薪的定義。為什麼呢？因為這件我們一直以來認為很合理的事情有著很大的問題，按勞分配的「勞」，得看是怎樣的「勞」。

勞動力的價值，並不僅僅是凝結在上面的無差別勞動，還取決於需求和可替代性。很多人都聽過一個詞，叫邊際效用。邊際效用是研究這樣的一種現象，假設其他條件不變，每增加或減少一個單位的數量，可能會導致的效用變化以及對人們決策產生的影響。

邊際效用有個均衡點，當過了這個均衡點以後，每增加一個單位的數量，效用的二階導數就是負的，且絕對值愈來愈大。翻譯成具體例子的人話就是，假設三個農民種一塊地的分工是最合理的，那麼三個農民就是種這塊地的均衡點。在此之前，每增加一個農民，效用的增速都是加快的，但一旦數量達到四個、五個甚至一百個，這塊地的產出並不會因此同比增加，那麼每個農民的效用就隨著人數的增加而遞減，這就叫邊際效用遞減。這個理論可被應用到生活的各個層面，如當你口渴的時候，你對第一口水和對第十口水的感覺；如當你負債累累的時候，你對第一個十萬元和對第十個十萬元的焦慮；如接到一份新任務的時候，主管只能依靠你，和他有兩個、三個甚至十個備用選擇時，他對你的態度變化。

因此，清潔工的收入為何如此之低，很大程度上是因為有能力勝任這個職位的人數，供遠遠大於求。也就是說，可能有很多找不到工作的人都想當清潔工，就如上面例子裡的備用選擇。

有人會說：「難道清潔工幹的活不重要嗎？如果沒有清潔工，道路就變成什麼樣子了？」當然重要，但是，**重要跟稀缺是完全不同的兩碼事，並不是愈重要就會愈貴**。空氣重要嗎？重要。貴嗎？不要錢。**需求有自己的平衡點，當供給越過了這個平衡點，那麼單位供給的價值就會不斷遞減**。需求和供給的關係變化，決定了單位時間的勞動價值，如果你起早貪黑挑大糞，但並沒有人有需求，那麼你就做了無用功，你的單位勞動價值為零。就算市場上確實有這個需求，但由於你的勞動力可替代性太強，市場供給遠超需求，這也意味著你不幹有的是人幹，那麼，你的單位勞動價值也依然會很低。

究竟怎樣才能賺到錢

尋找難以替代性

在了解了需求和供給決定了我們的單位勞動價值之後，可以很容易地推導出，為何有些人的單位勞動價值如此之高，為何他們在對等的工作時間內，能理所當然地拿到高薪，因為他們做的是有需求的事，擁有小眾的綜合技能，具備難以替代性。

看到這裡，有些人可能會想到自己的老闆，他明明看上去整天什麼也不幹，貌似也沒什麼特殊的技能，為何按照單位時間的收益來看，他的單位勞動價值會如此之高呢？這裡你就犯了兩個錯誤：首先，老闆的勞動與你的不同，他的單位勞動價值未必在你看得到的地方，公司之所以可以運營下去，天上是不會掉餡餅給他的；其次，就算老闆僅僅是個投了錢的甩手掌櫃，他也承擔了巨大的風險，此時他的收入是源於透過風險和收益的機率性博弈產生的資產性收入，因此不能用單位勞動價值的體系去衡量。

然而，對於普通的底層勞動人民來說，首要目標，是先透過各種方式積累起一定的資產，然後才能在資產性收入上做文章。

回到單位勞動價值。要成為高薪人士，必須具備建立在需求上的難以替代性，那麼，這個難以替代性體現在哪裡呢？我們通常將其稱作「門檻」。

每一件事都有它的門檻，就連掃地、擦桌子這樣看似簡單的事也有，它至少需要你能行動自如吧，否則就幹不快。要知道這世上很多人是沒法行動自如的，因此它也是個門檻。但是能達到這個門檻的人多不多？多！所以這類勞動的單位價值自然就低。同樣是做清潔工，如果你所在的城市裡，有某個區域長期要接待數量眾多的重要外賓，對清潔工的需求是身高一八〇以上的帥青年，碩士學歷以上，英文流利，留學背景優先，雖然你還是做清潔工的工作，但幾乎可以肯定，你的收入一定少不了。因為上面的每個條件都分別是一個個小門檻，而需要同時滿足所有這些條件，又構成了一個大大的門檻，此時市場供給將會急速減少，那你的單位勞動價值自然就水漲船高了。

我們該學習怎樣的技能

大門檻一般都是由多個小門檻組合而成的，每個小門檻除了對與生俱來的某些特質有需求外，其餘都是對某類技能的具體要求。因此要踏入更高的門檻，就必須擁有更多的技能。但這世上的技能千千萬，我們該打磨怎樣的技能，才能在賺錢的道路上保證不被落下呢？

從縱向的角度來看：

哪怕擁有的是同一種技能，但由於掌握的程度不同，門檻就依次不同，因此會有小白、菜鳥、老鳥、專家、骨灰等級別的差距；每晉升一個級別對於收入來說，都是一個飛躍。因此，在技能的選擇上，我們要努力學習那些能夠透過積累帶來改變和飛躍的技能。

這世上有些技能是難以積累的，比如包貨員，你可以透過數十年的積累將貨包得又快又好，但那又如何？一個包了半年的人照樣可以包到九十五分，而你包了二十年，可能也不過是九十六分，你的收入又怎麼會提高呢？再比如快遞員，如果按月薪來算，也許並不算低，但按照時薪來算，其實並不高，況且你不可能一輩子送快遞。除非你在其他方向上已鋪好了路，萬事俱備就差點初始資金，否則你這幾年除了這些並不算多的金錢，又享受到了多少積累的紅利呢？

所以，從縱向上來看，我們要盡量避開這些幾乎無法靠積累達到飛躍的技能和工作。在篩選想學習的技能時，要睜大眼睛先看看，熟練掌握該技能的「骨灰級」玩家的收入是多少。這很可能會是該職業的天花板。

從橫向的角度來看：

很多事情並不是依靠單一技能就能解決得了的，比如你是開計程車的，滴滴和快的兩家公司燒錢補貼那會兒，很多司機都在車上配了兩個智慧手機用來接單。如果你是其中一名司機，但不會用智慧手機，那麼只有兩個選擇：要麼學，要麼只能眼看著比別人賺得少。

在現實工作中，並不存在依靠單一技能的狀況，技能都是組合著用的。被組合的技能愈多，技能的擁有者就愈少，要做好某事的門檻就會愈高，競爭者也會愈少，賺錢就相對更容易。而我們在不斷的實踐中就會發現一件事情，那就是某些技能的被組合頻率就是比其他技能要高，因此，這些技能便是我們重點需要掌握的。

例如「會用智慧手機」這是一個多數人都掌握的技能，這個技能已經演化成一項最基礎的生存技能，因為移動端作為一個平臺，目前幾乎所有的應用都圍繞著它進行，所以這樣重要的技能若是不會，就只能硬著頭皮去學習掌握，否則會有很多麻煩。有些年紀稍長的人可能認為智慧手機跟自己目前從事的工作不太沾邊，所以能偷懶不學習，但由於它被組合的頻率實在太高，而且將來會愈來愈高，所以這部分人就很容易在將來吃大虧，甚至生活無法自理都有可能。

所以，從橫向上來看，我們需要在有限的時間內，集中精力學習攻陷那些被組合頻率最高的技能。

現在可以拿出白紙，找一些你最想依靠它賺錢又確實能透過積累迅速實現飛躍的職業，然後列出它們分別所需的各項技能，別遺漏。接著，你就會發現裡面有一些重合率很高的技能，這些重要技能就是決定你進階更高門檻的關鍵。

例如，線上教育是可積累的領域，要成為有所成就的名師，需要的技能包括專業知識、清晰的邏輯、公開演講的能力、熟練使用網路的能力、做出精美

PPT（簡報）的能力、打造品牌的行銷能力等。

而寫作也是可積累的領域，要成為知名的大作家，需要的技能包括深厚的語言功底、清晰的邏輯、銷售自己的能力、通曉商業運作的能力等。

現在我們將問題簡單化，就上述兩個你最想要從事的領域來說，經過比較，你很容易就會發現，首先要做的，就是提升自己的邏輯思維能力。你可以就此列出N項技能，方法類似，就是找重合的「百搭」技能，這樣當你不知道該學什麼的時候，就會更容易找到重點。

讓別人賺到錢

上面說的，基本都是以側重自身努力為主的賺錢方式，一個人要賺到錢，肯定是向他人提供了價值，或者承擔了相應的風險，錢只不過是價值和風險衡量的尺度而已。

風險這回事，我們留到最後說，先來說說向他人提供價值。我們打造這麼多有用的稀缺組合技能，無非也是希望給他人提供稀缺價值。不過這是單向的提供價值的方式，還有一種雙向的。

基於人的理性，人是更傾向於合作的動物，而合作本身就可以產生自願的雙向交換價值；於是，很多人就可以利用直接合作或間接合作的方式賺錢。

直接合作很簡單，互利共贏；我透過你賺錢，你也透過我賺錢，但不一定是賺彼此的錢，可以一起賺別人的錢。比如廠家和通路商合作，一起賺消費者的錢。

間接合作指的是，我不直接跟你們任意一方合作，只提供一個交易場地，你們能更方便地在這裡達成交易，那麼我當然也有價值，也自然可以透過提供這種價值的方式賺錢。當然，我既可以向你們交易雙方收錢，比如提點，也可以依靠你們的流量向別人收錢，比如廣告，這就僅僅是變現方式的區別了。

那麼，不管是直接合作，還是間接合作，這裡面的賺錢邏輯，還是有相通的地方，就是我們在自己賺錢之前，先要想明白，如何讓別人同時更好地賺到錢，甚至是如何先讓別人透過你賺到錢。

比如，你生產東西以後肯定要定價，你要給通路留出價格空間，不能把錢都留給自己賺，除非你根本不準備發展通路。比如，你作為資源掮客，肯定要想辦法提供對交易雙方都有利的解決方案，讓有能力提供價值的人，在你這裡獲得足夠多的收益，你作為一個平台，路才能愈走愈寬。

市場環境下，除了承擔風險以外，錢就是價值的變現結果，那麼「讓別人賺到錢」的價值原理在哪裡呢？

如果別人本來就能賺到一塊錢，到你這兒還是賺到一塊錢，那麼你就提供不了價值，也賺不到錢。所以，我們之所以能夠賺到錢，是因為可以讓別人賺到比原來更多的錢，我們幫別人的價值做了加法，那麼，這中間當然就產生了額外價值，而從別人因你而提升的價值差價中賺到錢，也就變得理所當然。

看到這裡，你現在可以拿出筆梳理一下，你擁有哪些資源，你是不是這些資源的核心交會點？因為如果不是核心交會點，這些資源完全可以繞過你，走別的交會點。如果你是核心交會點，你可以透過哪些方式把這些資源進行整合？不管是直接合作，還是間接合作。先考慮如何讓別人賺到比現在更多的錢，然後屬於你的那份錢，自然就來了。

學會用風險贏利

現在可以看這個問題了，當一個「老闆」只是甩手掌櫃的時候，他的收入大部分源於，透過風險和收益的機率性博弈產生的資產性收入。其實不管你是不是老闆，透過風險和收益的博弈去贏利，都是可行的。

這裡，我們很多人可能會很容易就把這種賺錢方式跟賭博掛上鉤，其實兩者是有區別的。賭博，通常是針對給定風險的，規則一般是給定且所有人可見的，不存在什麼資訊壁壘。你大約知道贏的機率是多少，於是去碰碰運氣。

那麼，透過風險贏利這回事呢，通常是指期望收益大於零的這樣一種遊戲，且遊戲裡的風險還是可控的。首先，風險對每個人都不同，比如了解的資訊多一點，風險自然就少一點。其次，風險本身是不斷變化的，就需要我們不斷根據現有情況做出調整，維持一個較高的期望收益。

因此，透過風險贏利的本質恰恰不是偏好風險本身，而是在擁抱風險的前提下盡量控制風險，從而增大贏面，也就是贏的機率；而不是如賭博一般，在風險給定的情況下，僅僅能同比放大虧損和贏利的金錢數而已。

用風險贏利顯然是一種策略，而不是無腦碰運氣。那麼重點來了，我們該如何判斷一件事的風險呢？

說說很簡單，但其實我們在很多時候，是很難判斷某件事的風險大小的，有時候甚至連近似都做不到，尤其是當遇到自己看上去並不熟悉的事物時。那麼當我們並沒有太多時間去研究、學習、分析、觀察、總結的時候，我們又如何在最短的時間內，大致判斷出看上去似乎並沒有能力判斷的風險呢？

有個很簡單的方法，叫風險的等價轉化。

假設有一種小眾的投資品，對於它的漲跌，你根本不知道從何判斷，有人說用K線，有人說用基本面，總之有幾十種說法，大家都有一套道理，如何去判斷它的風險呢？你當然可以學習其中一種，不知道是否有用的分析方法，但它能提高「贏面」的前提是它的有效性。如果連這一點都不能確定，顯然就不一定對規避風險有用。

那有沒有一套固定的投資方式是必勝的呢？我認為並沒有，因為如果有，這套方法就已經失效了。除了作弊以外，沒有人可以在公開透明的地方，找到擊敗其他人的固定公式。就算真的有這麼一種「祕術」，等你學成都已經滄海桑田了。如果我們就是要即刻做出當下最好的選擇呢？那麼看起來只能是漲跌機率各五〇%，閉著眼聽天由命了。我們來試試風險的等價轉化。

你可以在你的知識體系中，找出一個經過檢驗的、你自己最確定的「真理」，將它當作槓桿進行風險轉化。比如，你很確定當這種小眾投資品被大規模普及的時候，它的價格一定會比現在高得多，那麼你就保持這根槓桿不動，這樣原來的隨機漲跌風險就轉化成了一個判斷風險，那就是它會不會被大規模普及。如果會，那我就應該買入並長期持有到大規模普及。如果不會，再去找其他槓桿。

看起來這個問題，是不是更容易透過一些公開的資料和資訊去解答了呢？不同的人有不同的知識儲備，不同的知識儲備可以找出不同的槓桿，雖然沒有固定的公式可循，但都可以用來轉化風險。如果轉化過後還是很難判斷怎麼辦？我們可以用這種方式再進行繼續轉化，直到轉化到你能透過現有知識和資料大致判斷為止。

以某些確定性的規律為槓桿，將無法判斷的事通過條件式等價，轉化為容易判斷或自己更有把握判斷的事，這就是利用邏輯進行風險的等價轉化過程。

當我們熟練掌握這種方法時，就能夠判斷出很多看似難以判斷的風險，也更容易找出那些大贏面的贏利項目。當你選擇投入的事情贏面一直較大時，長期來看，就必定是賺錢的。

第四章

賺時間就是賺壽命——重新認識時間

時間有多重要

很多人都自以為知道時間很重要，從小就知道，因為我們一直是這麼被教育的，一寸光陰一寸金，諸如此類。但正如我們對很多事情都不求甚解一樣，大多數人只是背了那些語句，事實上卻並不了解時間的重要性，所以才會濫用時間。這一章，讓我們來仔細看看，你究竟浪費了多少時間，以及如何利用好有限的時間。

突圍方向

時間這個東西，在很多人的心裡一直是很抽象的，因為它無處不在，卻又幾乎感知不到它的存在。如果要將其更加具象化地展現出來，就需要在我們的腦中釐清時間的概念、時間的價值、對時間的正確使用，以及如何賺到更多的時間等知識和方法。無論是時間，還是其他的，只有先擁有存在感，才能被人珍視。

認知清單：

- 時間可以賺，時間是變數。這不僅是物理學上的概念，從人生哲學上看也是如此。
- 時間就是生命，這並不是什麼修辭，而是事實。占用他人的時間等於部分消耗他人的生命，請付出代價。
- 注意力才是計算有效時間的關鍵，濫用注意力的隱性成本非常高昂。
- 操別人的閒心是對自己生命的不尊重。
- 花時間還是花錢，究竟哪個合算不能一概而論。
- 近似估算時間價值是選擇的關鍵。
- 提升時間的使用效率有八大黃金守則。
- 豐富自己的時間經歷等於變相延長壽命。

你對時間的理解可能並不正確

時間也可以賺

在金錢上，我們通常用「賺」，來表示一種相對淨流入的狀態，不過這種狀態可不限於金錢，時間也一樣可以賺。

很多人會認為時間是一個常量，但其實，我們已經從愛因斯坦那裡知道了時間是一個變數。這是從物理學的角度來看的，然而，從我們的人生經歷來看，時間也依然是一個變數。

非常簡單的一個例子是，如果有個人從出生開始就被關在一個固定的小黑屋裡，每天機械地有人餵養，沒有自己的思想，只有與生俱來的本能反應，幾十年如一日。那麼，當他一百歲的時候，我們能說他活了一百年嗎？這個一百年是否跟別人的一百年等同呢？

古語有云：「不聽老人言，吃虧在眼前。」意思是說，老人的經歷更為豐富，所以看過的、聽過的、懂的東西更多，有更多的經驗可用於趨利避害。但這句話的毛病是，老人本身只是一個單純的世俗年齡上的定義，每個人的生活狀態和經歷有著太多的不同，所以單純地計算多少次日出和日落，並不能完全反映出時間在人生刻度上留下了多少印記，以及它給人帶來了多少意義。有些人只需幾年就能走過另一些人一輩子走過的路，於是，這些人的壽命就相對長得多。所以，壽命也好，年齡也罷，本質上都是一個相對概念，它們的相對性是由「時間是變數」這一本質屬性決定的。

像金錢一樣，我們也希望賺取更多的時間，那麼如何來體現「賺取時間」的這個過程呢？我們可以用「不同的經歷」來表示。舉個例子，若一個人幾十年如一日，無論是自己的經歷，還是身邊的環境都幾乎沒有變化，我們就可以將其看作近似活了一日，而非幾十年。僅有當不同的經歷出現時，時間對他而言，才產生了新的意義，經歷差距愈大，他賺到的時間就愈多。

所以，從這個層面來看，賺取時間這回事也分為兩個維度。

第一，單位時間做事的數量。在事情類型保持一致的前提下，一個人在單位時間內做的事情愈多，我們可以說他賺取的時間愈多，因為其他人需要耗費更多的時間，才能達到與他同等的人生經歷。

第二，單位時間做事的類型。在做事的有效時間保持一致的前提下，一個人在單位時間內做的事情的類型差別愈大，我們可以說他賺取的時間也愈多，因為他的人生經歷更加豐富，雖然豐富不代表成就更大。

所以歸納起來，什麼樣的行為可以為自己賺到更多的時間呢？就是在短時間內，透過大量練習，迅速達到一個「再花時間下去，投入和產出比就不划算了」的狀態，然後迅速切換到新的領域。

有人說：「那像小野二郎那樣，一生只專注『做壽司』這一件事，難道就不好了嗎？」還有人說：「如果人人都按上面說的做，匠人精神就幾乎要絕跡了。」這些說法都沒有錯，所以本文只討論我們這一生對於時間的最有效利用，小野二郎的確取得了很大的成就，但他的人生其實從真實時間上來說並不長。

這一小節僅討論關於「賺時間」的道理，有關人生的意義，我們到最後一章詳聊。

自殺與謀殺

當我們說到「時間就是生命」的時候，我們的潛台詞是：「時間很重要，需要像對待生命一樣去珍惜。」對於這樣的句式，很多人會理解成比喻甚至是誇張的修辭手法，其實不然，這並不是什麼修辭手法，時間本來就是生命啊。

如果我們將自己一生的時間用方格子來表示，一個月表示一格，那麼也就九百多格。當時間流逝的時候，我們通常只有一些抽象的概念，因此不足以引起警惕，但當格子一個個被填滿塗黑的時候，我想很多人就有直觀的印象了。

如果這個月你什麼也沒幹或只是簡單重複，那麼浪費的，就不僅僅是一個叫「時間」的東西，而是在變相自殺，因為相當於你在睡覺的時候，格子本被人白白塗了一格。

當第一次看到這個概念的時候，我感到非常震撼，因為似乎在過去的三十幾年裡，我隨時都在自己並不足夠警惕的情況下，被一個小偷不停地偷走我的本子並塗黑格子。我相信有很多讀者一定也如我當初般震撼，但還有一部分人，他們本身就「生無可戀」，於是，並不打算這樣去看待時間，哪怕事實就是如此。

儘管是這樣，他們也確實有支配自己的自由，但卻不能以同樣的態度去對待他人。因為如果說浪費自己的時間是變相自殺，那麼浪費他人的時間則是部分謀殺。為什麼要加「部分」，因為並沒有完全殺死，只是將他人的某一部分生命為自己所用，或讓它變得無意義。浪費他人時間的行為若是被這樣定性，則「惡」就顯得大多了，哪怕那可能並不是「顯得」，而是真的就有這麼大。

比如，我們經常會下意識地貿然尋求他人的幫助，理由僅僅是「我遇到了困難」。最常見的就是，在網路上能輕鬆找到的非開放性問題，非得讓他人給予詳細解答。如果一個人確實接觸不到網路，又急著需要答案，那麼還是可以理解的，只要給出對方需要的價碼就行了。如果不是，這就是一個很壞的習慣，往大了說，是心地壞。

每個人的時間價值都與你的同等重要，都是自己生命的一部分，如果你都不想浪費自己的生命去尋找答案，何以有自信認為別人會為了你浪費生命呢？

那麼，什麼時候才能說「我搞不定了」這句話呢？

所謂的搞不定，是你按照感情親疏關係排列耗盡了自己的資源，仍然未能解決的狀況。這裡特別要強調感情親疏，這是你調用資源的優先順序。我並不反對你把身邊的人看成資源，也不反對認為尋求幫助行為本身就是調用資源的體現，但人脈資源也是分層的，當你向某個特定的人尋求幫助時，得先確定在這個人內層的人脈用完了，你才能說自己在他這個點以內，搞不定了。確認內層搞不定，才有資格向外層擴展。

資源優先順序最高的，肯定是你的「自身資源」，比如你的體力、腦力、錢。大部分的事情，都能在這一層面被解決。比如，你花十塊錢可以在隔壁的停車場停上兩個小時，就別打電話給你的朋友，問他的店面正門前能不能讓你「堵」一會兒。比如，網路上已經出了蘋果手機某個版本的「越獄」方式詳細教程，就別拿過去給你的朋友，讓他幫忙研究、操作一下。

這樣做的好處是，長久相處下來，大部分人在收到你的求助時，大機率都會遇到非他幫忙不可搞定，或連他也不能搞定的事情，這樣，要麼他坦然拒絕，要麼他也不會覺得大材小用。這是一種尊重他人能力的行為，也是一種尊重他人時間的行為。

不過這裡有一個坑，很多人都容易踩。既然按感情親疏排列，那麼我爸是馬雲，他很厲害，所以什麼大事小事搞不定都先去找他幫忙。這就是典型的沒有搞清楚什麼叫「資源的核心」。

資源的核心，是這個人的標籤和核心價值。有個高手跟你關係很近，這個人各個方面都很厲害，他會修飛機、會修太空船，但不代表你的燈壞了就該先找他。他作為你的資源之一，核心標籤並不是修燈泡，哪怕他真的會修。他的時間價值很高，但給你修一次燈泡，你不太可能付他上萬元的報酬。因此，如果你經常叫他做這類事，這是你對自己資源的一種浪費，因為資源是會耗盡的，得用在刀口上，才是效益最大化。

所以當你準備占用他人時間的時候，請小心翼翼地徵求他人的同意，並養成付費的習慣。這樣珍惜他人時間的習慣聽來似乎很容易養成，只要平時稍加注意就行，其實也沒那麼簡單。

在此之前，你得先提升自己的時間價值，**當你自己的時間價值不高的時候，你是不太容易珍惜自己的時間的，因為浪費就浪費了，不心疼。**

當潛意識裡有這樣的習慣和想法的時候，你自然不太容易珍惜他人的時間，因為你並沒有感同身受，反而會認為過度追求這種做法是小題大做。

所以，請先讓自己的時間變得值錢一些，然後記得為別人花在你身上的時間支付更合理的價格。這不是一件小事，是對生命的尊重。

時間用在哪裡，決定了你是誰

注意力是什麼

我們在成長的過程中，多多少少會遇到注意力不集中的情況，注意力就是注意的能力，也是注意的表現，是我們在一定的時間段內使用注意的方式。

如果說時間是客觀的、不可改動的，那麼我們就沒法像拼圖一樣將它挪來挪去，唯一能改變的只有自己。因此**所謂的管理時間，其實是根據客觀的時間刻度來管理自己，因為時間就在那裡，不會受到任何人的影響。**

注意力是我們管理自己的關鍵，我們將注意力用在哪裡，就等同於將時間用在哪裡，比如你看上去在課堂裡聽課，但其實你的注意力是在你同班的班花上，所以你將時間用在了哪裡並不以表象為準，而以事實的注意力來定。我們常說，在某事上花了多少時間，其實指的多是表象時間，更為準確地說，應該是我們在某事上花了多少注意力，這兩者的數字之間可能會有很大的差別（為了尊重讀者的閱讀和理解習慣，我們本章所提到的時間，基本上都是指所有注意力或大部分注意力的時間，不再另行說明）。

很多人並不覺得注意力有那麼重要，最簡單的例子是我們提過的「愚弄自己的努力」。很多人覺得只要我在某事上花時間就可以了，卻不注重真正花在上面的有效時間，這裡的有效時間就是我們的注意力在某件事上的時間。

所以說，**注意力是什麼？可以理解為我們使用時間的方式**。注意力的價值源於其稀缺特性，而注意力的稀缺又源於整個時間框架的稀缺本質，所以注意力就是稀缺中的稀缺。**我們在任何時候使用注意力，都伴隨著無法做另一些事的隱性成本，這個隱性成本等於你本可以獲得的最大收益**。因此，如果你能清晰地看到另一些事足以使你的狀況變得更好，就能更直觀地明白，隨意使用注意力的成本是非常高昂的。

操別人的閒心

很多人濫用時間的方式，通常表現為隨意揮霍自己的注意力，比如，經常無意識地切割大塊注意力到碎片化的事情上，且與自己毫無關聯的那種，俗話就是操別人的閒心。

操別人的閒心也分為三種。

第一種是真操別人的心，這些人並不壞，但很容易踩過別人的界。如果用個短語來概括，可以是「沒有界限感的好人」。他們通常把別人的事當成自己的事，想別人所想，急別人所急。到了後來，往往分不清楚事情本身到底是別人的還是自己的，白白浪費注意力，還很容易惹人反感。

第二種是假操別人的心，這類人占比也不少，借著替你操心之名，其實操的是自己的心。比如，很多父母催婚和催生的理由，往往是受到了來自親朋好友的壓力，他們替兒女的終身大事操心，其實只為了自己能減輕一些社會壓力而已。這種假操心比較隱蔽，原因就在於，當事者可能因為接受不了自己的自利思想而不斷地自我麻痺，從而真的以為自己有真操心的成分。於是，明明是事不關己的事情，竟然找得出所謂的「正當」理由。

第三種還是假操別人的心，與上一種不一樣的是，這類假操心的人不僅不是借操心你之名，得利己之實，甚至還帶著壞心，盼著你不好。他們千方百計地打聽你的狗屁倒灶的事情，就是為了給自己找一點慰藉。你要是好好的，他們反倒給自己添堵，但你若是真有什麼不好的事情，他們能在明明得不到任何利益的前提下，自己創造出利益——心裡暗爽。這類人的注意力濫用可以說是最嚴重，也是產出最低的。

經常性地操別人的閒心是一種病，我把它叫作「注意力失位補償」。這裡有個我自己碰到的事，有天晚上，大約十一點多了，天還下著小雨，我開車經過一個路口時，被一輛電動自行車撞了側門，我扶起了倒地的大叔後，打了交警的電話。在等交警的過程中，就看到有那麼一些人，騎著電動自行車經過的時候，突然就停在那兒不動了，眼睛直勾勾地盯著我這邊。根本沒有什麼能讓他們消遣的東西，也沒人需要幫助，他們就這麼看著不說話，不知道想幹嘛。

這就是典型的注意力失位補償，一個人沒有找到什麼值得關注的東西，不知道有什麼可替自己操心的，於是就只能把失去焦點的時間和注意力隨意亂用在他人身上。只要能有個事情讓他進行補償和聚焦就可以，哪怕與他毫無關係，也產生不了什麼收益。

每個人都只有這麼點時間和注意力，操心別人的事愈多，自己可操心的事就愈少。於是，你會發現一個有趣的現象，**愈是有能力的人，就愈是專注在自己身上；愈是在能力上已然落後的人，卻由於不知道怎麼替自己操心，或得不到太多值得替自己操心的機會，而將自己寶貴的注意力隨意亂用，因為覺得反正自己的單位時間也不怎麼值錢，結果就造成了差距愈拉愈大。**

所以，有時候財富的馬太效應也不只是財富本身造成的，每個人在認知上、能力上也符合馬太效應。

究竟該花時間還是花錢

時間重要還是金錢重要

這個問題上的爭論由來已久。

我們詳述過金錢的重要性，以及如何獲取金錢的正確認知。正因為它如此重要，所以我們才經常付出時間去賺取金錢。不過最近幾年，有一個說法非常盛行，以至於漸漸平息了爭論，那就是——能用錢搞定的事情，別花時間。

如果人們愈來愈多地同意這個論調，就意味著多數人是非常偏向於時間大於金錢這個觀點的，那麼這樣的觀點是否正確？我們又是否要盡量多花錢去節省時間呢？

這種論調非常具有迷惑性。因為首先，它站的高度很高。怎樣的人才會說出和同意這句話呢？一般都是錢多、時間少的人。

有人說，學習成功人士的思考模式和觀念，就能讓自己更靠近他們。這話沒毛病，但成功人士之所以這麼說，是因為他們的時間已經非常稀缺，而不是他們從一開始就去踐行這句話，從而成為他們成功的一部分，這個因果關係要搞清楚。

很多人容易把結果後的行事準則當成結果前的原因之一，這就犯了大錯誤。甚至有人同意這個觀點是為了得到一種錯覺——彷彿自己的時間也更加值錢了，手上的錢也更加多了。這是更大的謬誤。

其次，這種看似反直覺的語句，當轉念一想，還真發現自己也曾有這樣的經歷和感悟的時候，就會比陳詞濫調更能引起人的認同。畢竟許多人都是以知道別人不知道的東西為榮，所以一個人人都知道的九十分道理和一個很少有人知道的七十分道理，多數人都會把後者提升到一百分的高度。

那麼應該能花時間就絕不花錢？那肯定也不對，不在一個極端並不意味著在另一個極端。事實上，我本人卻正是其部分理念的踐行者之一，很多事情能請人就請人，能花錢就花錢，只有核心價值的、不可替代的部分由自己完成。

按照比較優勢理論，這樣做的好處是顯而易見的，那就是更有效率。相比於A事，你更擅長做B事，那麼你就多做B事，用做B事的部分價值去交換別人做A事的價值就行了，這樣你的總效用就會比同時做A、B兩件事更大。

雖然它看上去部分正確，但依然面臨一個可適用性的問題。對於錢多、時間少的人，它的確適用，但對於錢少、時間多的人呢？如果盲目仿效，很明顯就完蛋了。

本來你就是一個要拿時間來換錢的人，現在反而拿錢去換時間？那麼這些換來的時間是否能產生出等量或者更大的效益呢？這是一個很重要，但很多人都沒有思考過的問題。

有錢人拿著一大筆錢，哪怕只換來「偷得浮生半日閑」，也是異常值得的。但對於多數人來說，時間本來就多到要打發的程度，哪怕這份時間能用來賺更多的錢，也虧爆了，因為本來就有更廉價的時間可用啊，為何要多花錢去省出更貴的時間呢？時間也是有邊際的。

究竟是該花錢，還是花時間，這得視誰是稀缺資源來定。

雖然時間對每個人而言，永遠是稀缺資源，但我們考慮資源的分配和使用優先的時候，考慮的永遠應該是「更」稀缺的資源。

萬事都得考慮成本與收益之間的關係。錢是哪兒來的？也是付出時間來的，哪怕是一本萬利，也最多是投入產出比的關係，不存在無須付出時間就能有收益的情況。這樣就很清楚，無須用似是而非的模糊理論去解釋。

所以，正確的思考方式應該是：「我打算拿多少錢，去換有多少產出的時間？」

在找不到更廉價的時間的前提下，這個產出如果還是換成錢，那麼在這個過程中只要增值了就該花錢。這個產出如果是換成快樂、幸福等抽象情感，如果跟錢相比，你更缺後者，那麼也該花錢。

這些都是需要比較著來的，而不是你一小時價值一百元，結果自己一小時能搞定的東西，非得二百元外包給別人，自己省下一小時時間，這是小學一年級學生都不會犯的算術錯誤。

的確，相比起來，成功人士都顯得更愛花錢，但這只是因為擁有同等多的錢時，他們的時間成本比你高而已。如果花出去的錢高過了他們的時間成本，他們一樣會選擇花時間。

同樣，當你的時間更加值錢的時候，你自然而然地會在以前某些捨不得花錢的地方花錢去換時間，但這麼做，不是因為你成長了，懂得了拿錢換時間這個道理，而僅僅是多少時間和多少錢的一場對應關係而已。這根本不是什麼方法論，只是每個人的本能。

所以如何達到這樣的「高度」？重要的不是盲目地模仿他們成功後的行為模式，而是得先拿時間換錢，將自己的閒置時間盡量用來「換錢」，提升時間的利用率，這樣平均到單位時間的價值才會更高。等到了積累的紅利期，當單位時間回報的錢愈來愈多的時候，你的行為自然就會自動調整，無須模仿。

正確計算時間價值

很多人會拋出一個疑問：「既然要衡量錢和時間的比較價值，那麼時間價值該如何定量呢？我怎麼知道自己的單位時間價值約等於多少錢呢？」

很遺憾，單位時間價值是沒法精確計算的，除非是全知全能，因為影響它的因素實在太多了。不過雖說如此，還是有一些最基礎的演算法和需要考慮的因素，可以讓每個人在估算的時候，盡量接近自己單位時間價值的準確值。雖然無法做到百分之百精確，但在大多數時候已足夠我們做決策之用了。

首先，每個人的單位時間價值都有一個最基礎的算法。如果單位時間是分鐘，那麼就約等於你的每分鐘收入。如果你除了朝九晚五的工作外沒有其他收入，假定年收入是十萬元，那麼簡單一除，就知道你的每分鐘時間價值約為兩毛錢。為什麼不以每年工作二百五十一天，一天工作八小時來計算單位時間價值呢？因為任何時候使用時間都是有成本的，你完全可以三百六十五天、每天二十四小時不停地工作，但這樣你這台「人體機器」就會受不了，所以你的休息時間包括睡覺時間等，其實都占用了你本可以用來創造價值的時間成本。單從創造價值的角度來看，睡覺也是你對自己時間的一種「荒廢」，雖然每個人所需的最短睡眠時間是必要的荒廢。

這樣的算法就解釋了上一節最後關於盡量利用閒置時間來換錢，以此提高自己的單位時間價值的建議了，因為原本你閑著的時間也是會拉低你的單位時間價值的。

學會這個基礎算法之後，你就能給自己的單位時間進行一個初始的估值，但這依然和真實的時間價值相距甚遠。比如，利用這段時間學習但尚未產生回報的這部分價值，如何計算呢？你只能在後期的回報中動態計算這部分的價值，當前就不得不選擇模糊計算，且這個模糊計算的精確性還因人而異。

這樣就可以了嗎？當然不行，你還得考慮自己做某事是否一定要使用某段時間來完成，有沒有更廉價的時間可利用呢？如果有更廉價的時間不用，比如毫無效用地「追劇」（可能連快樂等正面情感都不一定會產生），卻使用其他時間段去學習，那麼你的這部分時間成本就不能用放棄某些高價值的機會成本來計算了，因為計算時間價值，永遠是從限定規則內的最廉價時間開始算起的。

除此以外，某個時間段有可能產生的新機會，該如何估算呢？這肯定是隱性的時間成本，但對於非全知全能來講，這完全是強人所難，因為你根本不可能知道，如果自己不做A事轉而去做B事，會發生什麼。

所以除去了解基礎算法，我們還必須將很多模糊的判斷加在算法上面。雖然可能不夠精確，也不夠全面，但養成全面思考的習慣還是很有必要的。隨著加入算法中的參數愈來愈多，估算經驗的不斷豐富，這個結果會愈來愈近似單位時間的本來價值，只要不與十分接近的金錢數量互相比較來做決策，那麼我們幾乎總能做出對的決策。若是金錢多少與時間價值十分接近，其實也有好處，就是不管如何選擇，總不會錯得離譜。

時間是關於選擇的藝術

努力和選擇哪個更重要

經常有人問我，努力和選擇，到底哪個重要？

其實我很想回答，都重要。但既然人家問了我哪個重要，要是回答都重要，那就是無效回答，因為你回答了一個人家可能並不想知道也沒有問的問題。

努力的重要性無須贅述，但是選擇呢？

選擇，是關於如何使用接下來的時間的決定。比如你選擇玩遊戲，比如你選擇複習功課，比如你選擇通宵加班等。如果說努力可以使某件事的程度加深，那麼選擇就是往哪個方向去的問題。

方向大於程度，這是一個常識。在正確的方向上，行一步就有一步的效果，只是快慢和機會獲取上的區別。而在錯誤的方向上，走得愈快，生命就被浪費得愈多，參照「賺時間」的反概念。

這一點，在職場上也體現得尤其明顯。

埋頭做事的人要取得成就，通常要有一個正確的選擇作為前提，否則肯定是事倍功半，最後沒準兒，還會怪罪於時運不濟。而將大部分精力花在選擇之前的人，往往在深思熟慮做出相對正確的選擇之後，就能夠相對快速地前行。

兩種人都在花精力，但花在不同的地方，後期的投入產出比可能就完全不同。**看似兩者是運氣的問題，其實是行事方法論的差別，看似是天意，其實是人為。**

這樣看上去好像努力跟選擇之間的「段位」相差很大，其實也沒這麼大。如果一定要選一個，選擇確實優於努力，但在兩種選擇的後期發展和想像力相差並不大的情況下，努力程度的差別也是非常重要的。

在現實生活中，這兩件事通常並不矛盾，甚至它們都有同一個最終目的，那就是「賺時間」。將有限的精力合理地分配給兩者，也只是為了找到效率的最優解，從而更好地賺取時間而已。

選擇做什麼、不做什麼

既然選擇是關於如何使用時間的決定，那麼我們該如何「選擇」使用我們的時間呢？也就是當我們面臨不同的情境時，我們該選擇做什麼、不做什麼。

有一種很簡單的分法，根據事情的緊急和重要程度，我們可以把所有的事情簡單地分成四個類別：

如圖所示，你應該一眼就能分辨出第一象限的是我們會優先選擇立刻花時間去做的事情。第三象限就正好相反，是我們最不容易選擇在上面花時間的事情，不僅現在不會，而且拖

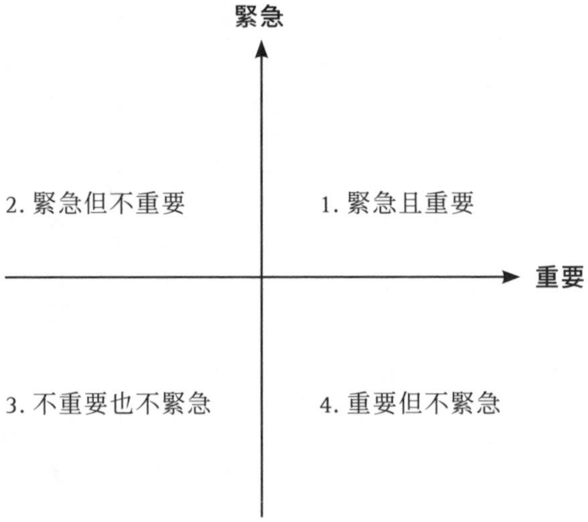

著拖著可能就忘了。對於時間異常稀缺、時間價值相對較高的人來說，甚至可能是需要刻意忽略的事情。

最難做出選擇的是第二和第四象限，究竟我們該優先選擇重要但不緊急的事情，還是緊急但不重要的事情？

對於多數人來說，做完第一象限的事，自然就輪到第二象限，因為緊急，所以哪怕不重要或不那麼重要，也得規避眼下看得見的有可能造成的損失，我把這些人稱為「消防員」。消防員的職責順序就是先處理第一象限，緊接著就是第二象限，緊不緊急是第一優先，重不重要是第二優先。

然而在人生裡，消防員可能並非最優解。對於緊急但沒那麼重要的事情，看得見的損失不管大不大，就在眼前；但對於重要卻沒那麼緊急的事情，很多人就會由於長期收益或長期損失太遙遠而懈怠。

我們曾詳述過該如何正確計算學習的價值，其實這種計算非短期價值的方式，都是通用的。每一份長期收益都可以被拆成若干短期收益，只是長期收益通常回報週期較長，因此在計算它的短期價值時通常要進行分段，還要將分段後得到的短期價值進行暫時儲存，完成長期目標後才一次性取出。

很多時候我們會有一個錯覺，就是覺得緊急的事情一般都是重要的，這是不正確的，緊急和重要是兩碼事。比如你有一個電話，很緊急，但對你來說不一定重要，可能只是無謂地浪費了時間。再比如你要學游泳，很重要，但並不緊急，今天開始學也行，明天也不是不可以，只要在掉下河淹死之前學會就行。

所以當我們對時間進行選擇的時候，要客觀理性地選擇合適的計算方式，計算這些選項究竟分別能帶給我們什麼樣的收益。這並不容易，除了懂得如何正確計算以外，還要客觀地評價損失，畢竟損失帶來的負面情緒，遠遠大於同等利益帶來的正面情緒。

時間用在哪裡，決定了我們是誰，請時刻保持清醒的頭腦，快速判斷可見損失和隱性收益之間的關係，避免讓厭惡損失的慣性心理控制我們的心智，做一個會選擇的藝術家。

正確賺時間的重要法則

提升時間的使用效率

時間的確很重要，但怎麼賺呢？這是另一個問題。

我們說賺時間有兩個維度，一是單位時間有更多的產出，二是同樣的時間和產出下，讓自己的時間經歷更豐富。先來說說前者，單位時間有更多的產出，換言之，就是要提升單位時間的使用效率。怎麼提升呢？這裡有八大行之有效的黃金守則。

1　列出條目任務

多數人的一天都是渾渾噩噩的。到了晚上合眼之前，試著回想一下，今天都幹了些什麼，很多人說不出個所以然來，好像做了很多事，但又似乎沒做什麼重要的事。

從小我們就被教育：做事要有計畫。於是，我們試著早起將當日的計畫寫得滿滿當當。然而如果每天都需要如此嚴謹地對待工作和生活，怕是多數人都堅持不下來，況且列計畫本就是個很耗時間的事情，它會將你本就不多的閒暇時間又挖走一塊。

高效建議：要擺脫「混日子」的狀態，就要試著將每日的任務列出。這會不會很耗時？不，只需把當日重點要完成的任務條目式地列在某張便箋（或手機備忘錄）上即可，一兩分鐘就夠了，無須事無巨細，也無須做額外的標記和說明，且隨時可增添和刪減，完成一件就劃掉一件。注意是劃掉，而不是直接刪除，千萬別小看這一步，它會清晰地告訴你一天內究竟幹了多少事。

2 尋找高效時段

大腦的活躍程度和精力的聚焦程度，在每天的不同時段是有很大差異的，每個人都不太一樣，所以千篇一律地號召養成早睡早起的習慣，其實並不正確。

每個人都有自己的高效時段，有的人是清晨，有的人是夜晚，還有的人是中午或下午。要提升自己在單位時間上的使用效率，就該先找到自己的高效時段。這很容易，試著將同一任務放在不同時段簡單測試下就能知曉。

高效建議：在明確了自己的高效時段以後，盡量把每日最燒腦或最希望完美收尾的任務放到這一時段來完成，以保證腦力的高效利用。

3 遠離雜訊干擾

在日常的工作進行時中，明明工作任務尚未完成，為何總是會忍不住刷刷微博、看看微信群、翻翻朋友圈？作為一個有好奇心的正常人類，我們很難對「叮咚」的聲音充耳不聞，很難對閃著小光點的黑屏手機視而不見，很多人都有紅點強迫症，有資訊恐慌症。

這都沒有問題，因為這都是正常現象，但這種容易即時獲取的獵奇心理和樂趣，很容易就會刺激多巴胺的分泌，並讓我們無法停止。

高效建議：選擇盡量安靜且不容易被打斷的環境進行重要工作。我有很多作家朋友在寫作時，旁邊都是不放手機的。為什麼我舉這個例子，因為寫作是利用整塊時間做事的典型。這麼做的目的，就是讓自己得以保持長時間的專注，避免好不容易聚攏的思緒被突然扯斷，增加時間的無效損耗。

4 合理利用碎片時間

除去每天用來處理重要任務的大塊時間外，我們還擁有許多被割裂開來的碎片時間。它們就猶如做完衣服剩下的下腳料一樣，已經無法再用來做成一件完整的衣服。因此，這部分時間就經常被棄之如敝屣，例如，等人的十分鐘、下班前等著打卡的五分鐘等。

然而這些下腳料並非全無用處，我們有一些需大塊時間才能完成的重要任務，也有一些只需碎片時間就能完成的小任務，例如，隨時隨地進行無器械健身，或者閱讀一篇有營養的文章等。

高效建議：利用碎片化的時間做碎片化的事，例如，你可以利用在地鐵上、公車上的時間，或是在每項任務之間的間隙，來完成一些碎片任務，這樣至少可以降低很多明面上的時間損耗。

5 減少後台執行

很多人會在某項任務遇到阻滯時，選擇將其暫時擱置，隨後開始處理一項新的任務。在新的任務遇到阻滯時，又轉而處理一項更新的任務。這個過程有點類似作業系統上多工的後台執行。

不過這樣做，有一個不太好的地方，由於你刻意回避困難，因此每項任務都卡在了關鍵處，哪樣都撈不起。之後，你就會感到莫名的心情煩躁，因為你的幕後工作如此多，當你處理A時，一直惦記著B，當你處理B時，又同時惦記著A、C、D……你發現自己無法集中精神，因為大腦這個中央處理器已經滿載，正疲於奔命。

高效建議：處理任務時如要選擇暫時擱置，盡量處理到階段性收尾，盡量少做後台執行，以便能最大限度地將自己的注意力集中到當下的任務中，這對我們「解題」是有幫助的。

6 降低切換頻率

很多人喜歡在某個時間段同時幹兩件事，這無可厚非。如果你的大腦這個中央處理器的處理能力足夠強大，數量不多的多執行緒處理對你來說，也許易如反掌。但部分人有個很不好的習慣，他們喜歡頻繁切換。比如手邊放著兩本書，先翻開A書看一點，再翻開B書看一點，回頭再看點A書，再看點B書……

如此循環往復，頻繁切換。

頻繁切換的最大壞處在於，隱性損耗。試著回憶在你專心工作之時，被突如其來的事情打斷，當你半小時後重新回到電腦前，普通人至少需要五分鐘的整理，才能將腦細胞的觸點恢復到與之前工作相關的活躍狀態。這五分鐘就是損耗，切換愈頻繁，損耗就愈大。

高效建議：在對寶貴的整塊時間進行利用之時，與其讓切換間隙的損耗白白流失，不如集中力量先將某件事做好。如果一定要進行切換，請減少切換的頻率。統籌很重要，損耗的規避也很重要，需要自己找平衡。

7 明確任務目的

由於人是天生的多執行緒動物，因此，我們在處理任務時常常會「跑偏」。比如找幾個朋友談點事情，明明主題是合作推廣一個新產品，聊著聊著就變成了家長里短，最後在時間緊迫的狀況下，只能拿出一個四不像的方案草草收尾。

這種事情十分常見，並非朋友之間只能聊工作不能談感情，而是理清任務目的和主次，是我們高效利用時間的關鍵。

高效建議：每個人都必須時刻牢記自己當下的任務目的——我來這裡做什麼，當下的主要任務是什麼。多執行緒處理並沒有問題，但必須時刻保持界限。很多人認為這只是有關自控的問題，其實有沒有養成任務目的第一性的習慣，才是關鍵所在。

8 擠擠，再擠擠

當很多人說「我沒有時間」的時候，並不一定意味著真的沒有時間，而是他們不願捨棄或減少做A事的時間去做B事，但事實上，當真的有更緊急也更重要的C事出現時，那些每天看似忙得焦頭爛額的人，還是能擠出時間去完成的。

很明顯，時間的彈性是非常大的。如果我們一周有五十六個小時是在睡覺，那麼哪怕我們真的看上去非常忙碌，假設一周工作超過七十個小時（已經是不小的工作強度了），也還是有四十二個小時可以自由支配的。我想，除去陪伴家人的時間，只要你想，依然是可以做很多事情的，甚至再增添一份工作都沒有問題。

高效建議：當一個瓶子被石子塞滿時，你依然能往裡加沙。當它被沙填滿時，你依然能往裡加水。不要認為原來既定的時間計畫就不能動，當有更重要的事情出現時，別急著說自己沒時間，先去對比有沒有更不重要的事情可以被替代。

這八大黃金守則是提升時間使用效率的關鍵。**為什麼同樣多的時間內，有些人能夠做那麼多事，有些人卻碌碌無為？這都是使用時間方法論上的差別，而這種差別，則會直接導致成就上的差距。**

豐富自己的時間經歷

正確賺取時間的另一個維度是，豐富自己的時間經歷。

很明顯，如果你在流水線上一直重複同樣的事情，那麼，哪怕你將時間的利用率調整得再高，我也不會認為你賺到了時間。因為幾十年如一日本來就是一日，不僅沒有賺到時間，而且單純從時間的角度講，你就是在荒廢生命。

時間經歷是一個很玄的概念，我們可以將其簡單理解為人生的內容，我們用多少時間，替自己賺到了多少內容。所以賺時間的本質在於賺內容，而在相同內容被同類疊加之後，單項內容的厚度和內容的類型數量，則決定了時間的長度。

那麼，我們該如何選擇使用時間的方向呢？什麼時候我們該深耕積累厚度，什麼時候又該跳脫到新領域？這中間的尺度該如何把握？

有一個簡單的計算原則，那就是性價比。

財新傳媒主編王爍講過一個很有意思的另類二八定律，說一個人如果肯認真學習，花上二〇%的精力就能在某一領域做到八〇%的成績。在大多數領域，這是符合實際的，因為大多數領域並不存在多高的學習壁壘，基本一段時間後，遊戲規則和小技巧都已經摸得很透了。如果這個人要繼續接近一〇〇%，就非得把剩餘八〇%的精力花上去才行。道理也很簡單，多數領域都是易學難精，從零分到二十分，肯定比從八十分到一百分容易得多的，所以愈到後面，每精進一點就要加倍地花力氣。

有人會很疑惑，這不是跟第四章的「時間—收益曲線」矛盾嗎？不是說在到達快速增長點之前，花十分力氣才有三分收益嗎？為什麼這裡花二〇%的精力就能做到八〇%的成績呢？

其實兩者並不矛盾。因為第四章的曲線是「時間—收益曲線」，而這裡不是收益，而是掌握。在大多數領域，只要沒有什麼高的學習壁壘，通常你都可以在短時間內，從零開始迅速提升到及格分，但到了及格分，並不意味著能拿到及格的收益。

資源是按排名來分配的，而不是絕對值所占的比例。如果公司裡的人對這個領域的掌握程度都是八十五分以上，那麼你的八〇分也只能拿到最微末的收益，但這並不表示你掌握的就比他們少多少。

當我們耗費同等的時間和精力在某一領域，進步卻開始明顯趨緩，這就是時候考慮去別的地方「賺時間」了。這並非對匠人精神的不敬，只是從使用時間的性價比來看，如果花費四個二〇%的精力，可以在四個領域做到八〇%，通常來說，不管在成就上，還是時間經歷上，都會比在一個領域花上八〇%的精力，最後做到九〇%的程度要更加出色，也更加划算，前者都還沒算上各個領域之間的跨界融合所產生的差異化競爭力和創造力。

從世俗的角度來說，通常把由生到死叫作一輩子，那麼每個人顯然都只能活一輩子，這就是為什麼我們要賺時間。既然有上限，那麼多賺時間就可以比別人活得更久，這是對生命最原始的渴望。始終將時間的性價比放在對時間的使用選擇之上，則是實現這種原始渴望最理性的方式。

第五章

沒人真正為你好——重新認識關係

人與人的關係，多數人搞不懂

人生在世，免不了同各類人交往。交往的不只是陌生人，跟父母、孩子、愛人、朋友相處也需要正確的方式。我們在很多時候都會用錯誤的方式跟其他人交往，要麼收效不佳，要麼浪費生命，這都源於我們對自己和其他人的關係本質認識不清，於是，在對各種關係的處理中疲於奔命。本章的主旨在於，幫你理順自己同他人之間的關係，從而找到最適合自己的應對模式。

突圍方向

從我接觸的很多人來看，大部分都不是很明白人與人之間關係的真正核心，包括親子關係、男女關係、親戚關係、朋友關係，以及人與人的其他關係等。

也許這些認知大都跟你目前頭腦中的認知相悖，不要緊，用邏輯的方法去審視總是正確的，不要受到世俗教育的迷惑。人是功利的，這個無須回避，生活中也到處充滿了算計和謊言。我們需要做的，就是挖出事物的內核，看清事物的本來面目。

認知清單：

- 行善或者關心他人，本質上都是為了自己。
- 劃清自己的界限，尊重他人的界限。
- 父母並不總是為子女好。
- 我們對某件事物的情感並非是對事物本身，而是對我們自身附著在事物之上的各種念想和辛勤勞動等。
- 愛和婚姻要保鮮，只有不斷提升自己在社會屬性上的吸引力。
- 親戚關係將漸漸失去存續的基礎。
- 正確的社交方式是極少量的長期社交加大量的短期社交。
- 用人情來模糊化社交上的等價交換，是想占便宜，因為人情按「個」計算，而不是價值。
- 情商從廣義上來說，也是智商的一部分，它的高低並不以是否懂得做某些特定的事為依據，而是以是否達成預定目標為判斷準則。
- 找準自己的社交定位，少做無用功，不要把消費帳戶和工作帳戶搞混。
- 知恩圖報並不正確，既然知了恩就不要圖，要馬上報，因為恩情會隨著時間被打上折扣。

人和人之間，需要一點界限

行善有時是作惡

人與人之間的關係應該是怎樣的？什麼樣的相處模式才是最優的？

有人覺得相處嘛，很簡單，我總是給他人提供關心和幫助總是不會錯的，只付出而不求回報，這應該是最穩妥、最不容易得罪人的相處模式了吧。很可惜，有這樣的想法就入了誤區，關心和幫助他人都不是隨隨便便就能做的。有些人內心強大，不那麼需要他人的關心，於是你可能很容易就會掉入「過於熱情」的陷阱，反而給對方造成困擾。

關心，在我們的世俗認知裡，似乎一直是一個褒義詞。在很多人心裡，只要是出於關心的初心，那麼無論是做了什麼十惡不赦的事情，頂了天也就是「好心辦壞事」，是方式和方法應該改進的問題，而不是該不該做的問題。

其實，這種對關心世俗的理解是有很大問題的，關心和打擾是一對雙生兄弟，只是後者看上去似乎更不禮貌一些。但其實在很多時候，兩者並沒有多大的區別。

這就跟我們行善一樣，我曾在公開場合多次講過，行善也是需要經過他人同意的，能理解的人卻寥寥無幾。為什麼？我們捧著一顆善心做善事，問心無愧，你接不接受是你的事，我做不做是我的事，為何非要經過他人同意不可？

因為他人可能未必需要你的善意。

有一個認知希望大家扭轉過來，**我們行善的這個行為，其實是在幫助自己，而非他人。**不管我們是想讓自己更高尚，還是更有優越感，抑或是更有同情心，總之，我們是真心實意地想讓自己更快樂。除非我們是在受到了某些壓力的情況下做出的非自願「行善」行為，這就跳出了我們通常講的行善範疇，因為目的就已經不是出於善本身了。

關於「施」和「受」，有說施比受快樂，有說受比施快樂，那麼到底是哪個更快樂一些，這得看哪一方的意願更強烈。在自願的前提下，從快樂的角度出發，其實雙方一直都是平等的。施也好，受也罷，並不存在誰欠了誰一說。

回到我們剛才的疑問，我們可以根據自己的意願去隨意行善嗎？顯然不能，因為你想在未經允許的情況下，靠著影響他人而給自己帶來快樂，這幾乎肯定是不對的。理由很簡單，因為影響到了他人而未經他人允許。之所以多數人認為這一行為沒問題，是因為我們在大多數時候都是缺世俗資源的一方，於是才對他人「施」的這個行為的需求更大，對獲得世俗資源這件事也更能感同身受。

但其實關心也好，行善也罷，在對方沒有提出明確請求的時候，僅僅是我們自己有意願。而在我們關心或幫助完他人之後，對方是否真的得益或得到了對方想要的益尚且不知，我們自己是肯定先得了益的，因為遂了自己的心願。所以，我們在判斷的時候，得看清真正的受益者是誰，而不該先假定對方必然受益。

不恰當的、不顧他人意願的行善，就是作惡。很多人在行善時遇到對方不領情的情況，都會迸出對方「不識好歹」的想法，雖然不會說出口，但其實僅是想想，就已經不是行善，而是作惡了。你想想，一個人為了自己的快樂，強行與他自以為的別人的快樂綁在一起，當發現兩者並不一致的時候，竟然不立足反省自己，反而用偏見去看待和鄙視對方，這不是作惡，又是什麼呢？

劃出自己的領地

人與人相處，多少都需要一點界限。這並不是說，我們就該做獨行俠，就該冷漠，而是每個人都應該清楚地知道，自己在與各種關係人的交往中，應該保持怎樣的分寸。同時，劃出自己的領地，警戒他人應該跟我們保持什麼樣的分寸。

每個人都該有自己的領地界限，雖然範圍可大可小，但絕不能沒有。沒有界限，領地就無從談起。

劃出界限，就意味著你在自己的領地四周築起了高牆，我們有時候也將其稱為「原則」。高牆以外的公共區域，是交流區；高牆以內的私人區域，是警戒區。警戒區是不可侵犯的，一旦有人闖入，你就得端起自己的槍，告訴別人誰才是這裡的主人。

社會上會有很多人教你說「不」的藝術，告訴你要如何委婉地拒絕，如何為對方保留足夠的面子，如何解釋自己並非不想幫忙等。但這些圓滑的策略也並不總會奏效，很多時候，模棱兩可的說辭只會讓對方認為事情有轉圜的餘地，從而不停地說服你。當對方最後發現無論如何也無法讓你就範的時候，他的內心可能會更加反感。「早知道就不跟你多費口舌了，浪費我這麼多時間」，他可能會這樣想。因此，當你想說「不」的時候，你只需說「不」，可以禮貌一點但無須過於謙卑。你要知道，在自己的領地，無須經過對方允許才能拒絕。

領地界限並非固定，也是無時無刻不在動態調整著的。小時候當別人調侃我們的某個缺陷的時候，可能觸及了我們的界限，但長大後再提起，也許就不會太在意了。這說明我們在這件事上的界限範圍往裡縮了，我們留給他人可供交流的區域變大了。往外擴也是同理，不同時期在不同環境下，我們會一直微調自己的界限。

在人與人的交往之中，當平行交流或實力不明的時候，多數人都會想爭得比對方更大的話語權以建立交往優勢。因此我們經常會在不知不覺中，試探他人的界限範圍，目的只有一個，那就是在盡量保證和平的前提下，替自己謀到更多的利益。就拿開車來說，在沒有隔離欄的路上，新手通常會盡量往右靠，但經驗老道的司機會告訴你，這樣是不對的，你該盡可能往中間走，這樣才能在跟對面來車的博弈中，爭取到更大的可避讓空間，避免因突發避讓撞到右側的非機動車或行人。

當我們透過擦邊球觸碰到他人的警戒區，察覺到對方的抵觸心理時，會暫時退出來，然後在潛意識裡畫上一條警戒線。在重複上述行為幾次之後，人與人之間的交流區就這樣被建立起來了。

尊重他人的界限

如果說劃清自己的領地界限，是我們在交往時擁有安全感的先決條件，那麼尊重他人的界限，則是維持交往的重要因素。前者讓自己保持愉悅，後者讓他人感到愉悅。只有同時滿足了這兩個因素，有品質的交往才能長時間地維持下去。

尊重他人的界限看上去很簡單，很多人也是這麼認為的，但事實上卻並不容易。在同陌生人的交往之中，我們很容易就能做到尊重他人的界限，因為那個時候我們對彼此並不熟悉，我們小心謹慎，保持著足夠大的安全距離，這也是建立一段淺關係總是很容易的原因。

但在熟絡了，甚至是交往的頻率變得很高了以後呢？我們愈走愈近，工作、生活的交集愈來愈多，尤其是當我們在人情往來之中，都自以為對對方還有一點恩惠的時候，我們是否還能控制住自己不踩過界呢？很難。

根據對自己的界限和對他人的界限的處理態度，我們很容易就能將身邊的人分為以下四類：

占便宜型人格就是——你的就是我的，我的還是我的。多說無益，對這類人避而遠之就是了。老好人型人格常見於某些公司同事，對人和氣、人緣好，但很容易被人當作情緒垃圾桶和保姆，長久下去自己痛苦，別人還容易不把你當回事。共用型人格常見於好兄弟或無心機的七大姑、八大姨，他們通常會非常熱心地幫助你，但同時也很容易踩過界，入侵你的私人空間。雖然他們可能沒有壞心，但有些時候會令人很不自在。

真正的高效交往源於兩個擁有獨立型人格的人之間的交往，他們從不以愛或關心的名義踩到對方的界內，而是只在公

	尊重他人的界限	侵犯他人的界限
劃清自己的界限	獨立型人格	占便宜型人格
沒有自己的界限	老好人型人格	共用型人格

共區域進行交流與合作。他們會詢問對方的建議，但從不對對方的決定進行干預。他們可能會請求或接受對方的幫助，但從不會為幫助對方而過度犧牲自己。

這種交往界限才是剛剛好的，是溫暖而有安全感的，獨立而又負責任的。

父母偉大，但沒有那麼偉大

父母總是為子女好？

人和人最好的界限就是相互獨立，但僅這樣還不夠，我們還需要弄明白不同人之間的具體邏輯關係。

我經常被人問到父母和子女之間的問題，這些問題大同小異，但都有一個共性，那就是對親子關係的認識模糊不清。許多人由於被「有毒」教育洗腦過久，導致對客觀事實視而不見，只願意固執地相信那些與自己現有的雜亂不堪的認知系統相融的東西，於是，自然對於超出這個範圍的事實難以理解，以至於處理不好一些基礎的事情。

在父親節、母親節的時候，我們都會看到很多形容父母偉大的詞句，煽情異常。還有的學校搞感恩教育，弄得全場哭聲一片。然而，這裡面除了滿滿的噱頭和行銷之外，其實對於我們認識客觀世界毫無說明。

很多人都毫不懷疑地認同，父母永遠為子女好。稍微有一點思考能力的人，會認為父母的出發點的確是為子女好，但有時容易「好心辦壞事」。不過之所以偶爾給子女造成困擾，也僅僅是因為方式和方法的問題。這些理解都沒有正確理順親子關係的核心。

父母這種生物，跟「對子女好」之間是沒有什麼必然的邏輯聯繫的。通常，父母都會盡力將子女撫養到有獨立能力為止，不過這就足夠偉大了嗎？這種行為在鳥類或者哺乳動物中也很常見，是嵌入基因中讓種族得以順利延續的一種天性，非人類獨有，而「偉大」這個詞顯然也不是這麼用的。

如果硬要將這種行為說成「愛」也可以，但這是一種初級的衝動，一種沒有多少理性成分、沒怎麼經過思考的「愛」，跟我們通常說的愛是有區別的。就像你的天性就是要進食，若是因為你的進食行為從而讓某些物種得以更好地生存，那麼該物種就該認為你很偉大嗎？顯然沒有一毛錢關係，但該物種若是沒有一定的認知能力，也許是會這麼認為的。同樣的道理，子女作為受惠的一方，因為性命得以保全，自然容易將這種天性視為莫大的恩惠。因此，從古至今，在智慧未開化的時候，我們一直將其視為高層次的「愛」。

不過在子女有了獨立能力以後，很多父母還是會繼續盡心盡力地撫養，顯然就不能用天性來解釋了，而是根據社會現實分為很多種原因。比如父母受到社會的道德壓力——「因為周圍人都這樣，所以我不得不這樣，否則會被人指指點點」；比如父母有攀比需求——「誰的孩子更厲害，誰就更厲害」。這就直接導致很多父母用近乎變態的方式逼孩子成長為他們想要的樣子，這背後除了「為孩子好」以外，可能有自己的攀比私心在作祟。比如父母在長期撫養中形成了「默認價值觀」，那就是「撫養孩子天經地義」、「我的一切都是孩子的」、「孩子是我的延續，跟我是一體的」等，這使得他們人為將自己的行為合理化了，並用從中得到的快樂強化這種「默認價值觀」（這也導致一旦子女的反應與他們的期待不符，很多父母會憤怒）。比如父母在子女身上付出過多，以至於沒有了自己的生活，形成了巨大的沉沒成本。此時所謂的「愛」，已經轉變成自己的青春甚至是生命，於是一旦跟孩子的關係斷開，等於一二十年的時間都白白浪費了。此時「戒斷反應」會非常強烈，滋生了潛在的道德綁架可能。再比如養兒是為了防老，「我現在這麼做，是給我的未來買一份保險」……

我們普遍認為的「愛」裡，就有很多種其實是「非愛」的。當然還有一大堆我們一眼看上去就根本不愛的，比如賣孩子、把孩子當出氣筒等。所以，所謂的「父母總是為子女好的」，這一點已經無須複雜證明就能知道是荒謬的了。

親子「天性」並不天然

父母對孩子的情感很複雜，雖然透過以上分析，我們知道了父母的那些看似真心實意為孩子好的行為，其內在很多都並不純粹。但父母對孩子的關心和情感，有時又不像是有目的的，這一點我想很多為人父母的人都深有感觸，那麼問題出在哪兒呢？在於我們並沒有將情感的對象搞清楚。

我們會對某個老物件有感情，我們會對某個玩了很久的遊戲帳號有感情，我們會對某個人有感情，這些感情的對象是什麼，是老物件、遊戲帳號或是人本身嗎？我想很多人都沒有真正想明白。

人在與世界的互動中，一直進行著塑造與反向塑造。我們不斷地將自己的某些資訊加到其他人或物的身上，同時也透過接收其他人或物的資訊來改造自己。所以當我們對某人或物做出某種行為之時，我們就將這個行為所包含的全部內容加在了對方的身上，對方可以拒收，也可以曲解，但那是在對方的世界裡。在我們自己的世界裡，內容是我們自己定義的，也就是說，不管對方收不收，反正我們的大腦是認為我們已經加上了的。

於是，不管老物件、遊戲帳號有沒有意識，對我們而言，那些曾經令我們印象深刻的記憶是存在的。不管孩子領不領情，對父母而言，曾經千辛萬苦的撫養行為是存在的。

你跟這些東西的所有交集，構成了你的情感來源，而非這些東西本身。這句話或許不太容易理解，希望你反覆閱讀一下。那麼，我們情感的對象是什麼？其實是我們自己的「分身」。我們對凝結在其他東西上面屬於自己的那部分產生了情感，我們付出得愈多，情感就愈濃烈。

所以，所謂父母與子女之間的親情是什麼？很遺憾，世俗認知中的親情是虛構的，真實存在的只是父母與自己那麼多年付出的心血、精力、勞動之間的情感。如果父親與子女從母親懷孕開始就素未謀面，幾十年後相認，他們之間是根本沒有親情的。如果看似有，那一定是諸如「孩子是我生命的延續」、「不認爹娘就是不孝」等，錯誤認知和社會道德壓力在起作用，這不是情感。同理，當某些富人的寵物犬丟了之後，為什麼這些人甚至願意花費寵物犬原價格的一百倍懸賞找回，而普通人可能不會出這麼高的價格？因為在付出同等時間和心血的前提下，富人的時間價值比普通人值錢，於是他的情感價值自然比普通人值錢。偶爾有幾個普通人也願意出很高的價格，那是因為他們付出的心血更多，於是情感總值就水漲船高。

那麼，從孩子的角度來看，又對父母有哪些「天性」呢？

很遺憾，孩子的確有印刻和跟隨的天性，但並非是對父母的，而是出於生存需求。中國人有句古話，叫「有奶便是娘」。這句話對孩子來說是很正確的，是不是親生的，這並不重要，在沒有能力獨立生存的時期，生存才是最重要的事。因此，孩子對父母的信任是基於「不得不信任」和「不得不依附」。這裡面當然有情感，關於情感的由來我們已經說得很清楚，刻意昇華情感並自我感動是不正確的。

所以你看有些孩子，父母對他付出了很多，但他往往並不懂得感恩，是他天性特別壞嗎？當然不是，是父母不懂人性，用了錯誤的方式對孩子好，就不要怪孩子「忘恩負義」。

很多父母跟孩子的關係常常是單向的，父母千方百計討好孩子，孩子卻並沒有同父母產生互動，所以僅僅是父母把自己的心血加在孩子身上。那麼父母自然對孩子有感情，因為父母對自己的心血有感情。但孩子並沒有，所以孩子怎麼會對父母有感情呢？就算孩子有那麼一點點「感恩」，那根本就是靠教育強行洗腦出來的，並非出自人的天性。一旦有利益大過了背棄教育的羞恥感，這種模式馬上就會崩潰。

因此，如果父母希望跟孩子之間，能夠長時間地保持一個互相有感情的友好狀態，那麼，就得多提供孩子為父母做事的情境。不要以為這是壓榨孩子，其實一味對孩子好才是真正的自私，因為對孩子好是使父母心情愉悅的本意，符合本意的當然是自私，但我們的教育卻常常把這種自私扯成無私，實在是荒謬之極。

戀愛和婚姻，是基於利益的模糊博弈

戀愛如何保鮮

提及戀愛，大家都有一些模糊的概念，就是我們大約能判斷哪些狀況叫戀愛，卻很難給它下一個明確的定義。如果用法律上的分法，將結婚證書作為分界線，那麼得到結婚證書之前的類婚姻狀態，叫戀愛。然而這樣粗暴的分法，顯然不符合人性逐漸解放的現代社會，因為戀愛形容的是一種主觀感受上的狀態，是自然產生、天然賦予的一種狀態，而婚姻卻是人為規定的一種權利與義務，這兩者可能連同一個範疇都算不上。因此，我們還是得拋開「人賦」的東西，從天然的形態上去分析。

戀愛的目的是什麼？其實很簡單，動物也好，人類也罷，目的只有一個，那就是求偶。

基因有生存和延續的需求，人類作為它的載體，「受命」替它完成延續的任務。於是，求偶和交配就成了人類被編碼好的天性，戀愛則是達成這個天性的前戲。

為什麼要有這個前戲呢？因為生物發展得愈高等，基因片段就愈多，後代個體數目就愈少，壽命愈長，愈值得花更大的成本。於是，為了獲得更優秀的遺傳性狀，交配的選擇就是一件不能馬虎的事情。而愈是慎重的交配行為，前戲就肯定愈久，因為要考察的類目愈多、時間愈長，一定得要一段充足的時間讓雙方盡情地展示才行。

當我們費盡千辛萬苦，最終求偶成功並完成交配行為時，戀愛的原始吸引力開始減弱。注意，這並不以是否拿到人為頒發的結婚證為轉移的。有人說：「不對啊，通常我們在性行為後，不是還會保持一段時間的戀愛關係嗎？」是的，但此時原始吸引力的確已經開始遞減，維繫你們的，是殘存的原始吸引力與其他來自社會和心理方面的吸引力，原始吸引力遞減的速率與性行為的發生頻率成正比。

除了原始吸引力以外，其實心理吸引力也是一樣的。兩個素不相識的人，從對對方產生興趣開始，就會像加勒比尋寶一般，探索著對方身上的奧祕。你可以從對方口中聽到形形色色光怪陸離的故事，也可以跟隨對方的經歷，踏足那些你不曾抵達卻嚮往已久的土地，你們都能在對方身上看到更大的世界。然而有句話叫，愛情始於心儀，歿於相知，當相處時間不斷變長，雙方的經歷不斷趨同，可探索的區域必定大為減少。任一個人再學富五車、巧舌如簧，也無法天天在大眼瞪小眼的下班時間裡，給另一個人的大腦持續提供新鮮素材。於是，心理吸引力也是一樣，在可探索區域的存量被「掏完」之後，就會開始走下坡路。

這裡最終可能只有社會吸引力，是可以透過自我提升而逐漸增加的，其餘都是游離於我們的可控範圍之外的。所以現實非常殘酷，要持久地保持戀愛吸引力，只能不停地提升自己在社會屬性上的吸引力，同時將性行為和日常相處的頻率降低，直到正向增加與反向減少的速率相等，那麼所謂的「戀愛保鮮」才能實現。至於保持浪漫之類的，只是餐後甜點而已，因為吸引力本身才是前提。如果一個喪失了吸引力的人對著你浪漫，只會給你帶來反感。

婚姻雙方的博弈

我們往往把婚姻看得很神聖，因為那些山盟海誓，終於要兌現成對彼此的責任和義務，似乎人性得到了昇華。其實這一點必要也沒有，將一件事進行主觀的情感拔高，就容易偏離事情的本來面目。

婚姻制度並非天賜，而是人為，是為了方便人與人之間的合作而設立的。對於統治階級來說，它使得社會狀態相對穩固。孤家寡人更容易做出一些不利於安定團結的事；有配偶、有子女就有了牽掛，人就多了一層顧慮，更容易管束。對於個體來說，它使得多數人減少了生存成本，本來夏天開空調，一個人付電費，現在兩個人擠一個地方，開一台空調兩個人受益，費用也可以均攤，長期搭夥過日子就有助於減少支出，其他成本也是同理。社會總的生存成本減少了，總效益自然增加，於是，統治階級和個體就一拍即合，弄了個婚姻制度出來。

婚姻，是一份有約束力的契約，這種約束力體現在它將兩個人的很多東西綁在了一起。只要在契約上按下手印，違反的一方就要遭受損失。於是，當你明明不想跟對方搭夥過日子的時候，在衡量這個損失和那個損失哪個比較大以後，沒準也就忍了。離婚的閾值提升了，社會結構相對穩定的目的也就達到了。

有人會說，婚姻也不都是如此功利，因為愛而結合的婚姻也很多啊。的確很多，但你首先得了解「愛」是什麼。

世間任何情感的產生，都源於利益，愛是其中的一種情感，當然也一樣。先別急著用現有的觀念進行排異，試想一下，無論是偏好顏值也好，喜愛性格也罷，產生愛意的前提，肯定是對方有吸引你的地方，這種吸引你之處，必然是在未來於你有利的。

我們的大腦有一個模糊計算系統，它會即時對外界與我們自身的互動進行權重加分。當你在為另一半擰瓶蓋、開車門、拎重物甚至創造驚喜之時，可能並未有意識地精確計算價值和回報，但你的模糊計算系統已經快速地為你做了模糊計算，那就是做這些事可能會引起對方的好感。對方保不齊就會給你回報，也許是一句讚賞，也許是一個擁抱，也許是一個吻，也許只是對方心裡的加分，但這種加分可能會在未來轉化為更為實際的回報。這一系列的模糊計算都在一瞬間完成，引導我們做出對自己最有利的選擇。由於時間太短，幾乎像條件反射一樣，因此我們意識不到。

「愛」也是模糊計算後的結果，是我們在無意識的狀態下，對最大化自身利益的一種選擇。其他東西同理，而走入婚姻，則是眾多相關利益互相博弈後的決定。是不是沒有那麼崇高了？這就對了，若是兩個人之間沒有了企圖，沒有了利益，情感自然就不復存在。

有人說，既然婚姻是如此功利的計算，為什麼還有人在婚後對癱瘓的伴侶不離不棄？照理說，始於利益該終於利益才是，那麼這些不求回報的付出，難道不是游離於利益之外的婚姻責任嗎？

我一點也不懷疑這些人的真實動機，但很多人對責任的理解可能有點偏差。

責任有強制和非強制之分，我們經常會混淆法律層面的強制責任與道德層面的非強制責任。法律上的責任是一種懲罰，這種懲罰源於國家強制機關。當你未能履行這項責任時，你就得遭受相應的懲罰。道德上的責任非強制，雖然也有懲罰，但這種懲罰多源於壓力，源於背叛道德教育以後的自我譴責。

因此，在法律未強制規定的情況下，夫妻一方對另一方行使道德上的婚姻責任，並非是一種多麼高尚的行為，而是一個長年反覆深受道德教育的人，為趨同社會的主流價值觀，逃避內心的負罪感而產生的自然而然的行為。它的本質依然是自利，因為一旦不執行，就難以承受內心被狠狠鞭笞的心理煎熬，只不過這種自利在執行的同時也利他了。

所以本質上，履行或者不履行婚姻責任，都是一種基於自身利益的選擇行為。

如何讓合作持續下去

既然婚姻是一次忠於利益的合作，那麼，如何將這次合作盡可能長久地維持下去呢？

當我們進入婚姻狀態之後，彼此之間是應該有一些共識的。這些共識可以不必趨同於社會的普遍共識，比如保持肉體與靈魂的忠誠等，因為婚姻是單對單的契約，每一對婚姻都有其特殊性，無須使用同一套範本，但我們一定需要有一些雙方都認可的重要共識，並落實遵守。

當共識被其中一方打破之後，需要透過坦誠交流回到原有的共識或者迅速建立起新的共識，這中間可以伴隨懲罰，但只要是還想繼續合作的，就不要在過往中停留太久。有的人可能會反覆提及對方曾經背叛共識的行為，來試圖增加對方的內疚感，趁機提升自己在婚姻中的地位和掌控力，這是非常愚蠢的。

一個人如果試圖在婚姻裡占據絕對主動，就已經失去合作的基礎，將合作變成了壓迫。只要這種想法一產生，婚姻就會不可避免地走入囚徒困境：如果你為自己著想，那麼我當然不能吃虧；如果你不為自己著想，那麼我為自己著想就更合算了。一旦走入這樣的迴圈，婚姻的內耗就會大大增加。雖然表面上看起來一方可能最終贏了另一方，但往往整體利益也被傷害了。所以從絕對值來看，大家都虧損了，僅僅是誰虧得更多而已。

婚姻不是敵進我退的零和遊戲，而是一次將團體和個人利益最大化的團隊作戰。這兩種利益是有機統一的，在首要保障團體利益的同時，追求個人利益最大化。當兩者相矛盾時，妥協一部分能接受的，留下一部分底線。全盤放棄個人利益的合作，肯定不會是一次好的合作，理由很明顯，這不會是我們進入婚姻的初衷。如果進入婚姻以後，需要將個人利益全盤放棄，那麼進入婚姻本身，就已經成為一個失敗的決定。

因此，要維持一個長久的合作關係，彼此都需要讓對方有一些危機感，讓對方有小小的忌憚。也就是說，將婚姻這個狀態置於非絕對安全的境地，讓雙方都能認識到，如果不努力增加自己在社會屬性上的吸引力，合作隨時都有破裂的可能。

跟囚徒困境恰恰相反，這就很快會成為一場良性的「軍備競賽」，參照戀愛模式。這種合作方式雖然在個人意識上打破了「形式上的安全感」，但無疑可以通過增加社會吸引力來穩固婚姻的「實質安全感」。同時，這場你追我趕的自我提升之旅，與婚姻的整體利益是相一致的，就算有一方稍稍跟不上，至少合作的態度擺在這裡，而且也不會差到哪裡去，於是，這場關於婚姻的合作便可以相對穩固地持續下去。

親戚並不意味著更親密

親戚和親密的關係

在我們的印象中，有一些關係可以無須利益牽制，只需亮出關係本身就能拉近人與人之間的距離，其中很有代表性的一種就是親戚關係。

八竿子打不著的，只要透過哪個人的親戚關係拐到你這兒了，那就算是「親人」，頓時就能親密起來。很明顯，親戚關係本身只是一張親密關係的傳遞圖，但根據六度理論，地球上所有的人，都可以通過六層以內的熟人鏈，和任何其他人聯繫起來（也許最終不是六而是七，但並不重要），為何透過親戚關係的傳導後，就顯得特別親密呢？很明顯，親戚關係被人為地賦予了一些額外價值。

要知道親戚關係為什麼能讓人與人之間變得更親密，就得弄清楚，人們緣何會賦予這種關係額外價值。

親戚，分為親和戚；親指族內，戚指族外。它的含義很複雜，從狹義上來說，只要跟你有血親或跟你的血親有姻親的，都是你的親戚。從廣義上來說，親戚的親戚也能歸類為你的親戚（對親戚連接的層數並沒有明確界定）。於是，我們對親戚這個概念本身就沒有一個確定性的結論，因此法律上當然也是沒有這個概念的。

既然如此難以界定，那麼親戚關係這個概念是如何形成的呢？皆因需求所致。原本動物裡是沒有這個概念的，頂多直系親屬之間可能會一起生活一段時間，然後，就沒有然後了。可人不同，人懂得合作，知道「抱團取暖」才是提高集體存活率的好辦法。那「抱」誰呢？最方便的當然就是「抱」那些離自己最近的人了。

由於古時候談不上什麼交通工具，因此基本在哪兒出生的人，就在哪兒想法子求存，交流方式也比較原始，自然就極少有規模性的人口流動。因此，在同一個地方一起求存的多數人之間，就多多少少有點兒關係。尤其是血親和姻親，見面的次數多，交集也多，「一大家子」的概念就這麼形成了。之後就慢慢形成了族，有了族長、族人的概念，這時團隊就開始龐大起來了。

族的概念和親戚類似，都是為了生存而聚集起來的團體，團體成員之間互相協作、互相幫助、互相信任，共同面對困難、抵禦外敵。

但是族也好，親戚也罷，這些所謂「關係」的產生，都是有特定時代背景的，那就是生產資料極其匱乏、生活方式極其原始、與外界的聯繫極少、不得不重度依賴小區域協作來滿足基本生存所需的時代。就算一個人非常有能力，但由於沒有便利的交通和資訊流動，社會分工又比較粗糙和原始，這就讓個人能力的變現變得極其困難。在那個時候，「親戚」概念的產生幾乎是個必然，因為每個人都不得不依靠同身邊人的協作來生存。

然而，時代總是在進步，世界永遠是向著更高效、更易連接、更細分工的方向發展的。我們幾乎可以肯定，親戚這個概念一定會進入博物館。這只是個時間問題，因為人們不再需要它求存了。

不用到很遠的未來，哪怕是現在，不管你會幹點什麼，幾乎都能讓自己的服務匹配到相應的需求，同時也能輕鬆兌換到你想要的任何等值的東西，那麼，我們自然就無須只選擇跟身邊的人進行協作與抱團，因為距離不再成為一個問題。

當「親戚關係」的額外價值逐漸淡去，談親戚必親密的說法，也將成為無源之水，漸漸失去存續的基礎。

不見走親，只剩訪友

親戚的概念要淡去，也是需要時間的，而且還分地方。有這麼一個現象，愈是在大城市，走親頻率愈低。而離城市愈遠，則走親頻率相對愈高。是不是真如很多人所言，城市多冷漠，少了些許人情味兒呢？

這就看你對「人情味兒」是如何定義的了。中國人講究人情，主動做足面兒上的禮數，一般兩個原因至少占一：一是被社會口水裹挾，認為想融入大眾群體就只得跟著行事；二是想占便宜，希望用人情來模糊化自己的目的，試圖用低價值去交換高價值。這也很好理解，因為親戚關係講的是「情」，對利益交換的感覺淡一些，在這裡低價值的人更容易與高價值的人攀上。而人情又是按「個」來計算的，並不以價值大小為轉移，於是，就給了很多人「鑽空子」的機會。

因此，很可能並不是城市裡少了人情味兒，而是因為城市人的生活圈子更大，對走親這件事也看得更為透徹，他們更樂於平等相交，樂於將「走親」併入「訪友」。當利益因素被最大程度地從交往中剔除時，我們才能以最舒適的姿態享受情感。

注意，將「走親」併入「訪友」並非只是某一個群體的做法，而是未來的主流。有愈來愈多的人，正在慢慢朝著這個方向走。可以對照一下自身，是不是跟不太容易相處的親戚走得愈來愈遠了？既然都是親戚關係，為何我們變得漸漸只願意跟好相處的親戚相處呢？因為親戚的概念正在淡化，朋友的概念正在加強。

親戚關係以血緣和婚姻等因素為關係來源，是無從選擇的，而朋友關係，卻是以興趣、利益為結交來源，是自願形成的。當我們結識陌生人的成本愈來愈低，信任成本愈來愈低，與人協作愈來愈便捷、愈來愈不受地域限制的時候，我們會傾向於哪一種關係是不言而喻的。

我們常常以為自己還在走親戚，其實走的只是朋友了。

你是在社交嗎？你可能在瞎忙

社交的必要性

在我小的時候，只要家裡的零食或者糖果有多的，父親就會往我口袋裡塞上兩把，說：「去學校裡分給小朋友們，拿去交交朋友。」

當時懵懵懂懂，但隱約有一點社交的概念，大概就是拿東西去收買人心。你有東西給別人，別人就會跟你玩，同時朋友多了，在學校裡也不容易被欺負。

後來長大一些，我反而變得羞於社交，大約是知道了社交是出於利益（以愛好相交也是，快樂也是一種利益）。於是，很是為自己的「不道德」感到羞恥。因為在我們的傳統教育中，朋友是很純粹的，友情是高尚的，而我竟然藏著「齷齪」的目的……

再大一些，受到環境的局限，我開始拋棄這等羞恥行為，混入「假裝成熟」的大軍，似乎跟誰都是朋友，只要說得上一兩句話，下次就得裝熟絡，也因此學會了一些違心的客套話。好像這樣，才叫作老練和「會做人」。

雖然不知道「會做人」有什麼用，但我想至少多個說得上話的人，總比多個對頭好。況且大家都這麼做，那總歸是有用的吧。

之後，由於經歷和思考的不斷豐富，開始弄明白了社交究竟是怎麼一回事，於是，到現在幾乎沒有了社交。

注意，是幾乎沒有了社交，不是完全沒有了社交，這兩者是有很大區別的。當然有值得我長期花費精力去維繫的關係，但非常稀少。

有人說，平時不走動，當你需要朋友幫忙的時候，怎麼會有人幫你呢？其實一個人需要朋友幫襯的時候並不多。不要理解錯，需要朋友幫襯的時候並不多，不代表需要人幫襯的時候並不多。我們肯定是需要人幫襯的，因為我們非但無法靠自己搞定所有事，甚至無法靠自己滿足基本的衣食住行，然而我們之所以還活得好好的，肯定不是因為朋友的幫襯，而是我們拿錢換來的。

那麼，既然可以用錢或者其他資源交換，大多數時候自然就不需要去貼人臉了，只要深耕自己的領域，讓自己擁有足夠多的可交換資源不就解決了？

之所以還需要長期社交，肯定是為了一些用資源買不到的東西，比如說某些快樂等。如果可透過資源交換解決，那就一律用短期社交來進行資源交換就行了。

社交的核心

由此可見，我們目前的大部分關係維繫，基本都是沒有什麼必要的，正確的形式，顯然應該是極少數的長期社交加數量極多的短期社交的組合。這種短期社交的等價交換，看上去很不符合中國傳統的「禮尚往來」，因為過於赤裸裸，過於利益化。

其實這是人們的錯誤理解。禮尚往來本就意味著等價交換，但人們多數時候喜歡用漂亮的外衣將其包裹，把一個等價交換的事，變成「人人為我、我為人人」，看上去似乎就高尚得多了。然而，這種高尚事實上是不存在的，因為「禮」必須對等。不信？你試試去參加婚禮，人家送你一千元紅包，你回敬二百元，看對方將來會怎麼對你。

所以，話說得再漂亮，也改變不了等價交換的核心。之所以很多人喜歡用

「人情」來模糊化這種等價交換，使其不容易赤裸裸地計算出價值，也是出於一種占便宜的心理。我們在上一節剛剛提到過，因為人情是按「個」計算的，誰更狡猾，誰就能得利。

低價值的一方總是想打人情牌，這是可以理解的，因為在往來中更容易「陰」到對方。高價值的一方呢？大都喜歡等價交換，因為不想被占便宜。所以如果你去上司家送過禮，就會發現當你出門的時候，老江湖的上司總會讓你帶走些什麼。你以為上司特別看得起你？不是的！這代表不拖不欠，免得你拿一點土特產就想來換升職，從而讓自己掉進你設下的「人情陷阱」。

在長期的社交博弈中，「一不小心」就會導致利益受損的關係，就會比較脆弱，容易友盡。如今，人們都學會了只跟資源相近的人交往，因為這樣的話，無論是利益相交，還是人情相交，都相對安全。

我大學時期就讀的是經濟學院，然而我並不認為自己學到了多少經濟學知識，因為經濟學流派實在太多了。在接觸了更廣闊的經濟學領域之後，我才發現大學裡教的，只是九牛一毛而已。

然而，學習經濟學思維，卻比現成的經濟學知識更加有用，當我們學會用經濟學思維去思考問題，並加以擴展和改進時，就能解決很多其他領域的問題。比如人情社交這樣的盤算，長期來看，肯定會達到平等相交的納許均衡。於是，不思提升自我交換能力，而單純用喝酒吃肉去攀交情，很明顯就是一個愚蠢的決定。因為別人都不傻，喝酒吃肉就跟你喝酒吃肉，除此之外免談。於是，這樣的社交方式就很容易做無用功。

哪怕某次運氣好，被你交換成功了，你很有可能要付出「尊嚴」的代價。也就是說，你用多次的酒肉交換，付出大量的社交時間，最後換來的是一個拿尊嚴換價值差價的機會，用來交易的主體是尊嚴，不是你認為的人情。而酒肉鋪墊全是前戲，是場景，並不是真正拿來交換的籌碼。這些概念都要好好區分，不能搞混。且這種好運就算有幸被你撞上，也就那麼一次。下次這招基本失效，因為面子這種東西是會耗盡的。

所以，當我們看不清社交關係的核心時，就容易事倍功半，導致瞎忙。看上去天天在外面應酬，卻沒有多少產出。

找準自己的社交定位

很多人只知道「出門靠朋友」、「多個朋友多條路」，他們的社交是盲目的。之所以是盲目的，是因為他們大都分不清成本和收益的關係，喜歡為了社交而社交，只因這樣看上去比較符合社會的主流認知——至少我也像個「老油條」，看上去沒那麼傻，或者這樣不會被人說成情商低下。

其實「情商」這個詞，我對它是有保留意見的。情商，是一種對關係的處理能力，可以分為處理與自己的關係的能力和處理與他人的關係的能力。很多人以為看上去忙忙碌碌的社交狀態就是情商高的表現，其實這是對情商的誤解。

許多人並不清楚，其實情商是效果導向的，它需要有敏感的自我感知和感知他人的能力，透過靈活應對來調控自己和他人的情緒。最終情商的高低，是以有沒有達到你預想的目標為依據的，而不是以你有沒有做某些特定的事為判定準則的。

這種自我管理和面對具體事情的應對能力，其實如果要說得廣泛一點，都是可以納入到智商的範疇的。也就是說，廣義的智商是包含情商的。正是由於你懂得了如何做某事的好處，或者你看到了這樣做的長遠利益，你才選擇這樣做，這屬於廣義的智商範疇。

有這麼一個人，開車違章在路口被交警逮到，此人拿出手機一通打，用盡了各種關係，終於將事情擺平，成功避免了處罰。不過緊接著，就大擺了一桌，請相關主管吃飯喝酒花了兩千元有餘。像他這樣的社交方式，就屬於典型的分不清成本和收益關係，守個規矩，乖乖交個罰款，不就一百五十塊錢的事，何必這麼麻煩，搭出去的不僅是錢，還有大把的社交時間。這不就是典型的智商不足的體現嗎？

要擺脫這樣無謂浪費時間的狀態，有一種方法，那就是每次出去社交，先分清楚，這趟出門是去幹什麼，想達到什麼樣的目的，究竟成本和收益關係如何，是否有必要。

別看這麼幾個小小的問題，很多人是回答不清楚的。

社交有兩個帳戶：消費帳戶和工作帳戶。每個人出去社交，都至少帶著一個。其中消費帳戶負責消費，比如，用時間買快樂等；工作帳戶負責工作，比如，用時間達成利益交換等。

很多人出門時，通常都帶著兩個社交帳戶出去，結果最後往往都只使用了消費帳戶。

於是，他們會認為自己明明在外面應酬那麼辛苦，為什麼社會那麼不公平，沒有給予他們應有的回報。這就是認知錯誤了，因為你的大多數社交時間，要麼是想用低價值去換人家的高價值，妄圖在社交中渾水摸魚；要麼每次使用的都是消費帳戶，玩得不亦樂乎，可努力在哪裡呢？

因此，清楚地知道自己每一個社交行為的意義，非常重要。我不反對追求功利交換，只要目的明確，不坑蒙拐騙就行。我也不反對追求個人快樂，也請別將它跟努力混為一談。

透過以上分析，我想大家都清楚了社交行為從長期來看，是不能有「占便宜」的心態的。那麼既然我們可以透過對等交易來擴展自己的資源使用範圍，也可以透過自我增值，使自己有能力同更有價值的人進行交換，時間又是不可再生資源，究竟偏向哪個更合算呢？

這就得視每個人自身的情況而定了，以你對自己的了解，來給自己一個相對較合適的社交定位。每個人的進步都同時需要這兩種行為，只是各人的比例不同。偏向哪個，取決於你認為自己更適合做資源掮客，還是孤獨的專注者。

選擇資源掮客這條路的人，就要努力向平台化靠攏，重心在於理順資源之間的交易價值和可應用範圍。專注這條路的你，只能將小部分精力用於交換價值以外的自我價值提升，目的也只在於獲取更多更高價值的可交換資源，將平台做大。

注意，將平台做大這件事，僅僅是擴展資源交換的可能性，而不是工作的核心，你的專注核心永遠應該在創新資源的交換方式上。什麼叫掮客？能聯繫雙方的才叫掮客，而不是你單向認識了一群厲害的人就行了，如何用更好的方式將素材組合到一起，這才是資源掮客的核心。

選擇孤獨的專注者這條路的人，社交就不該是你的工作重心了，基本能推的社交要全部推掉，別怕得罪人，因為對你而言，絕大多數人除了浪費你的時間外，毫無價值可言。你要將幾乎所有可用的時間和精力，都用於專注自己的進步，只能分出一小部分到節骨眼兒的必要交換上，只是為了提升進步效率。

這裡有個例子，就是樂視的創始人賈躍亭。賈躍亭就是一個典型的孤獨的專注者，莫看他在資本市場上長袖善舞，其實他的社交比例非常小，不過他很懂社交。曾經有人說，如果一位你認為「值得交往」的朋友誇你的新車漂亮，「慷慨」的你，也許會把車借給朋友開幾天，而賈躍亭會直接送給他。

對於孤獨的專注者來說，社交的比例小而關鍵，但正是因為平時節省了社交時間，所以在精益求精的社交上，才需要有魄力拿出更多的交換價值。這是代價，只要在同等時間內，因專注於進步上的產出高於同等時間在社交上獲得的交換價值，這條路於你而言就是更有效率的，反之亦然。

當你對自己有了一個清晰的社交定位，你會發現生活中的很多猶豫都有了決策依據，這會大大提升你的時間使用效率。

所以請不要再瞎忙了，社交並沒有錯，前提得有效。

可以選的話，先付出

大部分的有效社交，都是對等社交，這並沒有問題。但在對等社交中，還是存在一個先後的問題。從小到大，父母、老師、同學、上司、同事，哪怕是戀人，他們的所作所為似乎都在告訴我們，要想不吃虧，就要做被動的一方。

道理是顯而易見的，在雙方底牌並不十分清楚的前提下，主動付出的一方往往是盲目的，他先將自己的籌碼攤了出來，或者先讓你受益，然後交給你選擇。而被動的一方則更有針對性，可以根據是不是划算來選擇應對或者不應對，自然就很難吃虧。

這事在社交上是不是也是如此呢？很多人認為是，也是這麼幹的，所以要提醒一下，其實這些人都是吃了大虧的。

在社交上，先付出的人看起來似乎也是風險很大的。萬一得不到回報怎麼辦？很多人會有這樣的想法。

不過他們可能忽略了一個變數，那就是數量。從單個社交來看，主動的一方也許並不占便宜，但從總量來看，單個乘以數量才有意義。於是，在數量巨大的情況下，在單個上的盈虧只要不是太離譜，就不會有什麼統計意義。

事實上，只要你挑選的社交對象跟你自身擁有的資源基本匹配，多數時候都是能獲得等價回報的。理由就是，多次博弈的收益穩定性肯定高於單次博弈。於是，在明顯跟你博弈不會太吃虧的情況下，多數人還是會選擇回報你，從而跟你建立起長期互利的關係。

堅持不主動付出的人，也許他在單次博弈中從不吃虧，但由於跟他博弈的人數量並沒有那麼多，因此收益的總量也就並不大。

所以看到這裡，你就應該知道了，我們在對等社交中不僅要主動付出，而且要狠狠付出，讓更多的人多多受益，先於你受益，那麼很多時候就會有意想不到的好運降臨。

其實再想想，這是天賜的「好運」嗎？這分明就是踐行方法論的人為啊。

知恩圖報？知恩就得馬上報

知恩圖報有問題

前面一節，我們詳細分析了關於社交的內涵，以及如何選擇適合自己的社交方式，再同之前的勢利與人緣的概念結合起來，大概很多人都明白了，在社交中要保持長久的獨立性，平等是一個非常重要的狀態。

當然，與我們打交道的對象如此之多，要都是平等相交也是不太現實的。有時候我們會「高攀」，有時候我們也會「低就」，但有一點，雖然我們在整體資源上可能不如別人，但我們可以在自己擅長的領域為對方提供力所能及的回報。畢竟，厲害的人也不是處處都厲害，很多時候也是需要幫助的，這就是我們通常說的「知恩圖報」。

不過我們通常說的這個詞，可能並不是那麼準確，如果要按它的準確意思來說，做法又不太恰當。

知恩圖報，這四個字很好理解，你既然知曉他人對你的恩情，就該謀劃未來在合適的時間給予對方回報。圖，謀劃、籌畫的意思，比如「以圖東山再起」。

很多人會說，這也沒錯啊？且慢。這個世界上，有很多自認為知恩圖報的人，其實大多數的恩都沒有報上，但他們自己也許並不這樣認為。我接觸過很多這樣的人，他們有著極其良好的道德優越感，言必稱自己飲水思源、知恩圖報，但在其他人眼裡，卻全然不同。

為什麼會出現這樣的偏差？因為「圖」與「報」之間有時間差。我創造過一個新的名詞，叫「恩情折扣」。

顧名思義，恩情折扣指的是，任何恩情都會隨著時間的流逝而被打上折扣，且時間愈長，折扣率愈高。

當你求他人給你一個大恩情時，此時的恩情價值最高，因為事情還沒搞定。比如你想謀求一份年薪十萬元以上的穩定工作，你願意付出十萬元以上的報酬來得到它。此時你的內心想法是，大不了我一年白幹，至少未來的收入穩了。

當你真真正正得到這份工作時，你的心態起了細微的變化。你會告訴自己，雖然他的作用的確至關重要，但你自己的努力和爭取也必不可少。此時你的內心雖然還是非常感激，但你可能只願意拿出半年的薪水來回報他，你成功將他的恩情降了五十個百分點。

如果你一直想著，現在薪水還不夠，我要養家，我要旅行，我要換房子，我要換車子，等我升職加薪以後就有餘錢來回報他了，那麼可以預見的是，他的恩情會再次隨著時間而縮水。但你本人並不覺得，你會認為，我不是不回報，我是知恩圖報的人，我正在積累、正在圖，只是晚一點而已，等我有更大的能力時，我一定會回報的。

當你對自己的道德感進行洗腦之時，也許你已悄然在新公司度過了十年。這中間有升職，有加薪，起起落落對你來說，已屬平常，你漸漸記不起，自己是什麼時候擁有的這份工作，你也記不起，自己是如何才得到的這份工作。你記得，那個人幫過你，但映入心底的多年得失交織在一起，讓那個「恩」在你心中的比例再次降低。你只記得為了升職，自己是如何拚命熬夜，只記得工作中如何贏得老闆的信任，只記得出差時，如何機智地保住公司的聲譽。現在的一切是你應得的，是你自己拚了命掙來的。

現在的你，已經看不上公司新入職的小職員，正如你已經忘了，當年你有多麼渴望進入公司做一個小職員一樣。很多的「恩」就這樣被我們不斷稀釋，直到最後，只剩下一個念想，你安慰自己說：「這麼多年，逢年過節我都去他家拜訪，也算是記得他的恩情了。」此時，他的恩情價值就被折扣成逢年過節的拜訪了。

價值要即時回饋

「天下十謊」之一的「下次請你吃飯」，不知道有多少人說過。

當別人給予我們幫助的時候，我們說：「下次請你吃飯！」以便讓自己、讓他人認為我們不是個不記恩的人。但大多數情況下，我們只有在下次又有事情找他的時候，才會請他吃飯。這頓飯還不是我們自願的，只是怕人家這次不幫忙了，才不得不請。

我們都會找各種理由高估自己的道德感，但當我們麻痺自己的時候，現實會給我們一記又一記響亮的耳光，結果就會造成「施恩方」和「受恩方」認知不一致的情況。

我的朋友曾經幫過一個人，自認為對對方有很大的幫助，而這個人也爭氣，抓住了幾次機會，後來「功成名就」。雖然在我看來，我朋友能給予的幫助也僅限於領進門，但朋友內心裡一直認為，如果當初沒有他的幫助，很可能這位成功人士現在什麼都不是。雖然這位成功人士一直尊敬著他，只不過十幾年過去了，恩情折扣快打沒了，也就剩尊敬了。

朋友貪杯，且有個很壞的習慣，一喝多就愛亂說話，愛裝大爺。好幾次，朋友都在貪杯了以後提起這個事情；想來對方也是反感，在其他場合表達了雖然朋友的幫忙很重要，但最重要的還是自己的努力的立場，然而這事很快就傳到了朋友的耳朵裡。接著在一個非正式的場合裡，朋友借酒勁說他不記恩。來回傳話的人多得不得了，自此，就一直不走動了。沒意識到恩情折扣，沒及時還上，就會造成認知不一致的狀況，一方認為對方寡恩薄義，另一方認為對方小題大做。

這個世上很少有人懂得價值的即時交換的重要性。價值的即時交換就是，你為我做了什麼，那我又能即時提供些什麼。這樣看上去是不是很功利？很功利就對了。

每份廣義上的恩情在未達成前最大，但由於未實施，那時還未能稱得上恩情；真正意義上的恩情是在剛完成的那一刻達到峰值，接著就會隨時間慢慢衰減，因此價值交換應當講究即時性。這種即時性回報的行動策略並不是出於對你道德上的拷問，而是真正值得追隨的人際交往策略。

不管對方是否需要你的回報，你的回報都會帶給對方驚喜和愉悅。這既是為下一次潛在的互助可能性打下基礎，同時也是一種增進人際關係的好方法。你可以讓對方看到，自己能有即時回饋，任何時候幫你都不白幫，而在你有了即時回饋之後，你們又回到了同一水平線上，而不是在接下來的社交中，你始終處於不平等地位的狀態。

有人說，如果我找不到可回報的方式呢？當你發現「無以為報」的時候，請切記，每個人都有短有長，只要你們雙方都是人，你就一定有能提供給他價值的地方。這只是你願不願意多花一點精力觀察、尋找，以及回報的意願是否強烈的問題。延遲回報，對於先付出恩情的一方很有可能是不公平的。如果你真的想更好地跟他人建立起長久的對等合作關係，無論對誰，養成「知恩即時報」的好習慣都會讓你受益。

第六章

如何過好這一生

——重新認識人生

人生最重要的那些道理

人生中有很多重要的東西，但總有一些是相對來說更為重要的。我們從與自己的關係講到與他人的關係，從金錢講到知識再講到時間，這些都決定著我們的人生品質。現在，所有的認知彙集到這最後一章，讓我們開啟智慧，俯視自己的人生意義。

突圍方向

我們從自己講到他人，從金錢講到知識，從時間講到人生，這些都是決定人生品質的關鍵點，也是一個層層遞進的過程。

當我們真正認識到這些邏輯和概念，並可以忽略周圍人不認同或懷疑的目光時，通常意味著我們走在了他們的前面。當然，隨著社會的發展和進步，他們一定會亦步亦趨地跟上，但任何事都是有先來者紅利的。知識和思考當然也不例外，理清人生的邏輯就能成為人生贏家，這並不是說說而已。

認知清單：

- 人生沒有起跑線，也沒有假想的跑道。如果要用遊戲來表示，應該是一個自由度最高的遊戲。
- 人生的最大意義在於體驗，總是體驗重複和相似的風景，其實在人生的時間利用率上是吃虧的。
- 說不想努力的人，不是不想要努力後的結果，而是懼怕努力要付出的成本。
- 努力有著許多「坑」，並非僅是看上去努力就能達成目標。
- 很多「坑」是達到一定高度前不可避免的，那麼踩「坑」其實是愈早愈好，愈早損失愈少。
- 格局是每個人的認知層次，下層沒法看清上層的世界。
- 學習和職場一樣，長期來看，都是專注自身最划算。
- 提升格局首先要勇於打破自己的積累，看得到往上有更高層次。
- 合理分配投資和消費的比例，合理安排投資和消費的時間點，是提高人生使用效率的兩大關鍵。
- 幸福源於比較，但不論是跟他人比較還是跟自己比較，這都是大腦能調整的事。

放棄吧，人生沒有假想的跑道

活著的意義

最近十幾年，到處都能看到一句振奮人心的標語：贏在起跑線。有時我不禁在想，究竟是這些商家黑了良心，還是他們竟然連自己都騙，又或者是他們真的是這麼以為的。

他們用這樣一句簡單的口號，撩動了現代社會千千萬萬人的焦慮，那就是試圖用世俗的成功標準去定義每個人的人生意義。誠然，世俗的成功重要嗎？對大多數人而言，當然是重要的，長期能夠維持世俗的成功，本身就代表了你為社會做出過不少貢獻，社會這才給予你足夠多的回饋，可以讓你拿著這些回饋滿足自己的欲望。

整個過程如果說得直白一點，其實扯不上貢獻和情操這些東西，就是一個欲望的流轉和交換。你滿足別人的欲望，別人滿足你的欲望，錢只是衡量滿足了多少、重不重要的一個尺度，是大家公認的用來交易欲望的硬通貨。

顯然，稍微有些智慧的人都不會認為人生的意義在於，無休止地滿足欲望。有人說，這麼說說當然很容易，但當被現實磕得頭破血流的時候，你很難不把所有的人生目標轉向世俗的成功。是的，這麼說對於某些個體來說，也沒有什麼錯，但持有這種想法的人，本身就沒有提取出真正的人生智慧。

我們每個人都有欲望，但欲望有強度和範圍。欲望更強、範圍更大的人，本身就更容易被現實磕到，因為他們在意的範圍更大，在意的事更多，能忍受的程度也更低，於是，他們也更容易曲解人生的意義。

這是一個自我加強的迴圈，當他們愈來愈認為這些就是人生的全部時，自然會對自己的處境表示擔憂。當他們身為父母之後，又會對孩子的未來產生焦慮，並開始提前為孩子「避坑」（自己的坑沒能力避），在起跑的時候就用力地將孩子推出去，以便讓他獲得一個較快的初始速度。

不過，人生這條跑道似乎是假想出來的。孩子們從來也沒有說他們要去哪兒，是那些自以為他們要去哪兒的人，當下想去哪兒，於是認為這些事對孩子也同等重要，至少在未來會同等重要。

人生的意義是個太大的話題，大到甚至可以再寫一本書；但無論如何，我們降臨在這個世上，肯定不是為了固定地從這裡到那裡，然後光榮地完成使命，因為我們本就沒有任何使命。

很多人對身外之物有一種執念，這很正常，因為當下的資源從當下看總是有限的，而且註定向少數人集中，所以稀缺的東西就肯定被多數人垂涎和惦記。不過很多人並不明白，**其實財富也好，名聲也罷，都是社會暫時寄存在我們這裡的。我們只是獲得了如何將其回饋社會的選擇權，卻並不在真正意義上擁有它們。**

人生是經歷，這不是什麼沒營養的雞湯。我們永遠在不停趕路，試圖從一個目標到另一個目標，但其實我們人生的全部，卻是在此過程中將客觀事物反映在腦子裡的那些思想、記憶和情感。這些東西與別人都無關，只跟自己有關，也就是我們活著的全部。

當我們一點點將自己與他人的關係剝離開來時，很多人會有不適感，似乎這個世界只剩下冷冰冰的自己。其實世界就是如此，我們處理跟所有人之間的關係，都只是為了更好地生存與協作。當然我們會貪戀其中的某些情感，但我們自己要清楚，我們的所有行為都是為自身服務的。就連看上去最無私的「捨己為人」，前提也是這麼做最符合自己的價值觀，或者讓我們最沒有負罪感，或者我們希望得到一些讚許，又或者我們認為是職責所在等。因此我們做出的選擇永遠是把自己放在第一位的，否則就不會做出這個選擇。

我們的生命裡，一直都只有孤獨的自己。

自由意志下的體驗

起跑線這回事比較扯，我們剛剛說了，很多人會認為人生是個跑道，必須不斷追趕前面的人，直至死亡。然而死亡並不是真正的終點，死亡只是你的終點。

哪怕用競爭的眼光去看待跑道，那麼和誰競爭是個問題。和同齡人競爭？社會競爭可不會管你是幾歲。和同行競爭？行業只是一個屬性，也許明天人家就不賣茶葉蛋，改修水管了。和自己競爭？變得更好的確可以算是一個目的，但怎樣才算更好？更聰明，更有品味，更有地位，還是更有錢？

很明顯，對於大多數人來說，競爭的最終目的是爭奪資源，就算有些人是為了自己內心的追求，那麼導致他產生這種「追求」想法的，大機率也是資源的擁有者可以獲得更多肯定和尊重的類似前提。

人生本沒有跑道，跑的人多了，就有了一條道。我們都害怕漫無目的，所以需要為自己做的事情找一些可能原本並不存在的意義。競爭不代表不正確，但我們的真正目的應該在於體驗。在山腳下看到的風景和在山頂上是不一樣的，所以我們該努力體驗一下山頂上的風景，卻不該把爬上山頂當成自己的目的。

對人生的認知程度決定了每個人的行為，如果把山頂當成目的，那麼一生就不得不為守在這個山頂而努力。然而爬完這座山，還有下一座。在這個山頂一直賴著不走，其實跟待在同一座山的山腳是沒有本質上的區別的。一條既定的跑道上註定只有相似的風景，從「豐富自己的時間經歷等於賺壽命」的觀點來看，其實在對人生的「時間利用率」方面就已經吃了大虧。更何況，就算是最世俗的目的，沿著大部隊的路跟著別人一起跑，也未必能快速到達山頂。

其實人生更像一個開放式遊戲，進入遊戲後，每個人都需要自己找任務，根據自己的意願去努力，然後達成各種成就。但這些成就有什麼意義嗎？沒有，就給你自己看著玩。這個過程中，除你以外的所有人都是「外人」，你可以把他們看成自己參與的這個遊戲的一些「場景」，是為了帶給你一些特殊的體驗而存在的。

所以我們前面說了，人不可能將他人淩駕於自己之上，這是違反設定的。假如看上去有，那也僅僅是你為了獲得特定的體驗而已。只不過在你獲得體驗的時候，順帶著竟然也最符合他人當前的利益而已。每個人都應該是為了遊戲體驗而存在的，體驗的參與者就只有自己，因此可以為自己的任何決定做主的，當然只有自己。

我看到過很多人，他們總想做別人的主，不是給建議，而是直接替別人做決定。為什麼會有這樣的一種心理？這源於我們自身對於人生和生命的一種恐懼。

每個人都只能活一次，在現有條件下似乎就是這樣的。於是面對人生的各種可能，我們在任意一個時點都只能選擇一種。比如你在四歲的時候可以選擇學鋼琴，也可以選擇玩泥巴。但當你選擇了玩泥巴後，在你二十四歲、三十四歲的時候，你就可能會很想知道，如果自己當初選擇學鋼琴現在會如何。可惜時間不可逆轉，於是只能在自己的掌控範圍之內，去試圖看看自己的另一種可能，哪怕只是看個大概有點接近的影子。

做別人的主，本質上就是希望將自己的意志活在別人的身上。給自己一段時間的第二次、第三次生命，你可以看到自己的意志會有什麼樣的結果，卻無須承擔相應的責任，這實在是一次非常划算的買賣。

每一個獨立人都無法做另一個獨立人的主，這是由我們不具備替別人承擔責任的能力這個天然屬性決定的。我們最多可以在力所能及的範圍內，進行一些幫助和補償，但這是兩碼事，所有對結果的感知、情緒和回饋只能由當事人自己承擔。

自由意志下的自由體驗，才是人生唯一的意義。既然是自由體驗，「努力」這件事是不是失去了意義了呢？怎麼會呢？努力本身就是體驗的一部分，努力後的結果也是體驗的一部分。只不過，這個努力一定是為了你自己而努力，為了得到更多不同的體驗而努力。

努力，不足以讓你過上好日子

人人都想努力

很多人看了標題就會生出無窮多的疑竇。努力這麼正確的事情，持續踐行下去，怎麼就不足以過上好日子？人人都想努力？我就不想啊……

每個人都希望變得更好，只要你還有欲望的話，因為變得更好在本質上也是為了得到更多，不管是物質上的，還是精神上的。有人說：「你說得不對，我就不願意變得更好。我很滿足現在的狀態，我就想變成一攤爛泥。」你撒謊了，你不是不想變得更好，而是不想付出變得更好的成本，這個要明明白白地分清楚。

有人說：「這是不是太功利了？」不，是你想得太功利了。變得更好並不意味著一定是變得更有錢，那些類似讓家庭變得更溫馨，讓自己變得更健康的願望也同樣屬於想「變得更好」的範疇。再想想，究竟你是純粹不想得到結果，還是不想付出成本呢？

我有一個這樣的比喻，讓自己變得更好，就像是往一個永遠看不到頭的山頂推巨石。你只有不斷加之外力，才能艱難前行。哪怕你只想停在原地歇息、喘口氣，也必須用力撐住。如果你什麼都不做，巨石就只會往山下滾。你要止住下滑趨勢並推回原位，就得多付出數倍的力氣。因此，無論世俗還是清高，貧賤還是富貴，哪怕你只想過現在的生活，努力都是一個必要條件，就像一個乞丐僅僅想填飽肚子，也得努力。

因此，**我們別看很多人嘴上說不想努力，不想勤奮，但其實這個世上沒有人會排斥努力有可能會帶來的好結果，排斥的只是伴隨它而來的成本。**

我給過人關於行動力的建議，也就是如何讓自己變得更「努力」一些，那麼是不是我們現在開始埋頭苦幹，一段時間後就能出任執行長，迎娶白富美，走上人生巔峰了呢？很明顯不能，因為如果僅是努力就行了，肯努力的人真是不計其數，那為什麼偏偏是你脫穎而出呢？

為什麼僅努力還不行

能坦然認識到自己也需要努力，坦然承認自己想要努力帶來的機率性好處，是需要勇氣的，因為這意味著，放棄了用「懶惰」給自己的認知不足和能力不夠當藉口，你再也不能說出「只要我努力，就能取得什麼樣的成就」這樣的話了。

那麼，為何努力不足以讓我們達到我們想要達到的目標呢？

因為僅達成一個小目標也是需要很多條件的，而達成很多由小目標群組成的大目標則需要更多的條件。**就拿世俗意義上的「成功」來說，最重要的三要素是運氣、智慧和努力，努力只是其中的一個要素而已。**

那麼，這三大要素有沒有先後或者輕重之分呢？肯定是有的。用一個鏈式的順序表達大體是這樣的：運氣—智慧—努力—智慧—運氣。我簡單解釋一下，首先是初始運氣，一個人沒有初始運氣就不可能成功，這是必然的。巴菲特說：「我很幸運地出生在美國，在這個成功比例為三十分之一或四十分之一的國家，如果早出生幾千年，我可能會成為某種動物的午餐。」

我想，即使不從時間上去考量，單單從地點上，讓他出生在戰亂國家，他就有可能英年早逝了，哪怕活下來，也基本不可能取得今天的成就。

假如你有幸擁有了初始運氣，比如能接受教育，你才能擁有一定的機率去習得初始智慧。有了初始智慧和一定的眼界認知後，你才能明白努力的意義。於是你才會往正確的努力方向走，同時在努力的積累之下，不斷和外界產生聯結，從而習得高級智慧，並在踐行中創造更多的好運。

是的，**好運可以被創造。因為你的智慧和努力，讓之前不屬於你的世界跟你聯結在一起。於是，那些「意外」的機會就有更大的機率落在你的頭上。**

在此，我將這根鏈條完善一下，大體是初始運氣—初始條件—機率性習得初級智慧—努力—習得高級智慧—持續踐行—創造更多好運……

很多人自認為完成了前三步的積累，以為靠著第四步的努力就能通向第五步，然而，他們並不知曉努力的正確認知。於是，他們自然有努力的樣子，卻沒有意想之中的成果。

努力，根據目的不同，有許多坑。

第一，有些人的努力不是為了通向第五步，他們明明處於第四步，卻常常認為自己正處於第六步。他們的努力僅僅能叫作「埋頭做事」，卻並沒有目的性地想從中習得什麼。於是，這種努力在缺少了腦子的參與以後，可以被稱為「瞎忙」。

第二，有些人的努力中就只有汗水。選擇大於努力，我已經進行過辨析，在此不再贅述，所以努力不僅需要汗水，還要有智慧。努力在選擇上，甚至在選擇之前，肯定是比忽視選擇的汗水要有效得多。努力的方向不對，就只能離自己的目標愈來愈遠。

第三，有些人的努力並非出於認知本能，而是做給別人看。這類人通常並不十分在意自己的內在積累如何，在意的是當下一刻的得失，包括他人的評價、他人的評價對自己日後的影響等。這種努力有作用嗎？當然跟完全不努力的人相比，也許有一些用處。但其主要精力是在表現上，就很難有進一步的成長。

第四，有些人的努力反而是一種懶惰。以前有家跨國網路公司的內部有這麼一個現象，美國總部一直不太待見中國區的工程師，為什麼呢？因為雖然他們多數人看上去都很努力，卻總出不了多少成績。細究一下，原來他們工作的時候，都更喜歡用細枝末節填滿自己的工作內容，更願意把時間花在工作量大但不需要多少創造性的工作上。這樣，當真正的難題來臨時，他們可以用「分身乏術」作為藉口來推脫，所以，看起來他們沒日沒夜地工作，真是不可謂不努力，但這樣的努力，其實就是懶惰。

努力的正確認知

努力和努力之間，也有很多區別。很多時候，我們自己不知道正確努力的認知，卻一味責怪努力了卻沒有給予我們應有的回報。努力，雖然不是成功的充分條件，但一定是成功的必要條件。不管是不是世俗的成功都是如此，但前提得是「正確的努力」。

那麼，正確的努力認知究竟是什麼樣的？它有三大特點。

第一，努力，是一件目的性的事。

努力並非像牛一樣埋頭犁地。牛看起來很「努力」，但犁地卻並非它的本意，它僅僅是在幹一件自己並不知道有什麼意義的苦力活而已。牛對自己並不會有更高層次的規劃，它可能只知道，在這裡走來走去，時間到了就有吃的，於是就走來走去，而並不在意其他的事情。

別笑話牛，很多人做起事來也很類似，他們根本不知道自己每天努力究竟是為了什麼。最常見的一句話就是「養家糊口」。是啊，生存需要的確也是目的之一，但為什麼你在這裡做銷售，而不是在那裡修水管？為什麼你去大樓做保全，而不去工地搬磚？很多人一言以蔽之——錢。哪裡收入高就往哪裡去。

這樣的努力，顯然是不可能再往前進步了，因為他們的努力除了換到當天的口糧外，裡面根本不包含對自己的規劃，也不會產生什麼定向積累效應，就算因為長期工作得到了某些積累，也是被動積累。這種沒有主動把控方向的被動積累，一般來說，進步效率都非常低下，且很快就會遇到天花板。

第二，努力，是一件內生性的事。

剛剛我們說了，努力是一件目的性的事。那麼有目的地讓別人知道自己努力，是不是也能是努力的目的之一呢？

真正努力的人，很少對外界宣稱自己有多努力。比如那些經常在深夜將自己的「努力」發朋友圈的行為，拍一張筆電的螢幕或鍵盤照片，配幾句「今天又要通宵了」之類的話，就離真正的努力要差點。

姑且不論這種努力產生了多少價值，就是朋友圈裡有不少莫名其妙的「心疼」、「崇拜」和「點讚」，就已經容易使這種努力偏離軌道。面對大量的掌聲，當事人就更有可能將本來可以更有效率完成的事情帶到深夜完成。這種努力是否比其他時段更有意義，是值得商榷的。

努力，可以看作加速達到某種目的的手段。假如一個人擁有關於努力的正確認知和方向，那麼在這個過程中，努力的動力是內生的。有些人之所以需要他人的認同才能在壓力下「逼迫」自己不得不努力，是因為他們並沒有真正理解自己做事的真正意義，因此努力的動力是需要「外求」的。外求的努力雖然也能提供一定的動力，但由於其非內生性，時效就比較短暫。等翻到了下一個目標，只得再次外求。這樣的努力缺乏持久力，無法持續擊敗惰性。

第三，努力，是一件講效率的事。

很多人看努力只看時長，以為工作時間長、學習時間長，就是努力，其實這並不準確。

我在念書時是屬於比較貪玩的那一類人，曾不得不被父母鎖在房間裡做功課。一整天下來，父母以為總歸會有點收穫，其實我並沒做幾頁習題。所以如果你真的要將「時長」往努力上套，那麼請至少將「有效時長」套在上面。

那麼，是不是有效地專注做事，就可以算作真正的努力了呢？也沒這麼簡單。

我們都知道，每個人的一天都只能有二十四小時，除去睡覺的時間，普通人滿打滿算也就是十八個小時左右，那麼這十八個小時哪怕一點也不浪費，都用於你認為的各種「努力」，是不是就可以產生什麼神奇的效果了呢？也不容易的。拿我自己來說，想要做的事實在太多，每天二十四小時肯定不夠，於是只能砍掉一些。砍掉哪一些呢？這是個問題。

所以，努力的效率要點是：將你的有效努力統統用在刀口上。這幾乎是比努力的有效時長更為重要的事情，因為你首先得能分清輕重，同時還得是個出色的規劃家。不僅是對事情本身的規劃，還需要更多對人生的整體規劃，比如不做「消防員」。

所以你看，努力這件事對人生重要嗎？當然重要，但如果想只靠著努力就過上好日子，容易嗎？非常不容易，不僅得習得努力的正確方式，還得有一些初始運氣。

少走彎路，可能死得更慘

避坑本身可能是個坑

從小到大，我都不斷聽到一種叫「為你好」的教育說辭。這種教育往往是語重心長式的，當教育方說「為你好」的時候，通常情況下，是被教育方已經露出了至少一點點的不領情，而這種不領情在教育方的眼裡更像一種「不懂得分辨什麼是好壞」的幼稚。

為你好，是告訴你什麼是正確的，讓你少犯錯，少走彎路。少走彎路好嗎？當然有好處，從A到B有一個陷阱，有人告訴了你，於是你就可以更快速地到達B。而沒人告訴你的話，你可能會掉進去，過很久才能爬出來，等你到了B的時候，也許你本可以到達C。

看起來少走彎路的確有很大的益處，它讓我們更為有效地避免走上某些冤枉路，而這一切居然僅靠理論學習他人的經驗就能完成。

但事實真是如此嗎？我們都知道個體差異，但當用來分析實際問題的時候，很多人卻容易將其忽略，理由很簡單，人天生就是歸納型動物，如果沒有同類歸納的能力，人類的記憶和表達等都會非常有限。於是，我們非常善於用「近似」，但有些時候，近似歸納卻僅代表了「不準確」。

他人的經驗，只是他人這個特殊的個體，在某個時點對某事形成的特定經驗。這裡面有「人、時間、環境和事」四個要素，任意一個要素的更換，都會導致獲得的經驗不同。而對你來說，個體換了，環境和時點換了，某事本身也許有點不同，那麼，這個經驗究竟於你而言，還會有多少參考價值？

我們可以學習基於邏輯判斷的事實，比如在二維平面內，三角形的兩邊之和必定大於第三邊，這是永遠不會變的，而且它的正確性不受任何要素變更的影響。但個人經驗本身就是基於歸納，而且是不完全歸納，甚至有些還是樣本數量極小的不完全歸納，那麼所謂的通過他人的經驗來避自己的坑，就顯得比較荒謬了。

很多人說，我真的避過了啊。我會告訴他，你危險了，因為你根本不知道是透過別人的經驗避過的，還是那個你認為有坑的地方本來就沒有坑，也就是你的「避」的行為不一定具有意義。你僅僅是看到了可能有坑，然後選擇了另一條恰好沒有坑，或在特定環境下並不會掉進坑裡的路而已。這麼看來，避坑這個行為很有可能本來就是個大坑。

一個人只有真真正正地踩進坑裡，才會知道坑有多深，內部構造是怎樣的。踩得多了，才能練就火眼金睛，能分辨長成什麼樣的大約就是坑。這樣的人避坑和跳出坑的能力就會相對較強。而如果沒有前面的這些步驟，僅憑別人的經驗和單純的理論學習（通常還不詳盡），在多數情況下，對坑的理解幾乎都會出現不小的偏差。當真的踩進了坑以後，也很難較快地爬出來。

踩坑要趁早

出於愛護，我們都不願意讓身邊的人白白踩入一些我們認為自己知道的坑，這是非常正常的心理。我們可能確實入過類似的坑，遭受過損失，也可能沒入過但堅信那裡有坑，於是出於好意提醒別人，或直接幫助對方避坑。

「直接幫助對方避坑」肯定是一種非常錯誤的方式，因為我們「做了別人的主」。但提醒別人避坑這回事，連我自己也常常忍不住去做，因為出於感性。但若是出於純理性，這種提醒他人避坑的行為，從長遠來看，卻未必能給他人帶來最大的利益。

常常有人在公眾號的後台問我：「我剛剛大學畢業一年，在公司裡做得不開心，不知道該不該跳槽。」通常我的建議都是跳，為什麼不跳呢，年輕人就該多嘗試。當然，頻繁跳槽一定是好事嗎？這可未必，但這裡有一個核心思想，就是對於會總結、會思考的年輕人來說，就是應該多踩坑，多嘗試不同的環境，多跟不同的人打交道，這樣成長起來才是最快的。

我自己就經常踩坑。大學剛畢業的時候，大約是二〇〇八年，我打算兼職開一家淘寶店。不過剛開始做的店鋪沒信譽，沒信譽就意味著沒生意。怎麼辦呢？我打算買一個現成的皇冠信譽的帳號，那個時候皇冠帳號非常稀罕，有了這個信譽打底，不管賣什麼都能賣出去，我當時確實是這麼想的。但是在網路上找了一圈，大都是天價，摸摸口袋，只能看著眼饞，想來也是，這麼好掙錢的事怎麼會便宜給我呢？

正當我準備放棄的時候，有一個只賣一千四百元的廣告映入了眼簾。於是，在對方把後台截圖給我之後，我反覆確認之後，將錢轉給了他。大約半小時後，我看看沒動靜，就打算去探探口風，想不到在對方一頓糊弄之後，又匯了六百元給他。然後，就沒有然後了，他拉黑了我。我共被騙兩千元整，當時我的工資是每月一千八百元。

這就足夠無腦了吧？但像這樣無腦的坑，我一直在踩。這中間我沒有過懷疑嗎？肯定有，但萬一人家真的有特殊情況需要脫手呢，而且就這麼巧，被我碰上了呢？

坑這種東西，以前踩得多了，現在就踩得少了；因為很多坑，我一眼就能把它的內部構造畫出來，這對我快速做出決策是非常有幫助的。

雖說踩坑並不是一件壞事，但踩坑這事也有技巧，不是隨隨便便往裡一踩就能有收穫的。最起碼你得在自認為了解得非常詳盡、自己已經足夠小心的前提下，最後進了坑，這樣學習效果才會出來。這種學習方式尤其體現在對新事物的學習上，很多人在正向學習的方向上要學很久的東西，上一次當可能就了解得七七八八了；因為你入坑前，為了自行避坑就得比別人了解得更多，入坑後的總結，還可以完善之前的思考漏洞。

踩坑基本上都是有損失的，在很多行業，我們將其稱為「學費」。踩坑聽上去是貶義詞，學費卻不是。之所以叫學費，是因為在打遊戲、人際交往或賺錢等各方面，想要達到一定的高度，某些坑就是不可避免的，坑裡才有好東西讓你學。所以踩坑的損失反過來說，很可能是深入學習的必須費用，少踩一個坑，就意味著少一次學習機會。

因此，為什麼說年輕人應該多踩坑呢？因為踩坑愈早愈好。如果某些坑註定是你達到一定高度前避不過去的，就像買股票，不管你學了多少理論知識，最終都是避不過心態失衡這個坑的，那麼早踩肯定合算得多。因為踩得愈早，你的損失就愈小，對坑的理解就愈多一點。

如果某個年輕人一直順風順水，那麼等他上了一定的年紀，聚起了一定的財富以後，他的抗風險能力跟從坑裡摸爬滾打出來的人相比就會比較弱，不僅更容易踩到大坑，而且一旦踩到就可能會損失慘重，還並不一定擁有爬出來的能力。

年輕人積極避坑不一定是好策略，只要你會思考、會總結，坑是沒有白踩的。

格局，決定你的世界

格局是什麼

「格局」這個詞，聽起來比較虛，也比較大。但這種又虛又大的詞，往往不是三言兩語能講清的。於是看上去似乎人人都能上來扯幾句，就像「愛情」這種詞，大家都能提出點自己的看法，但若是深究起來，基本都沒什麼邏輯。

格局對人生的影響實在是太大了，可以這麼說，你這一生的品質差不多就是由它決定的。那麼格局究竟是什麼呢？如果一定要找一個最接近的解釋，應該就是我們的認知層次。

當我們說某個人格局很大時，通俗化的解釋就是他的認知層次較高，能看到一般人看不到的東西。認知層次有自己的特點，在認知層次中，只能從上往下看，沒法從下往上看，每提高一層，就能看到多得多的風景，而處於相對下層認知的，僅用想像是很難理解上層認知的。

格局的不同，造成了我們在本質上就是生活在不同的世界。有些人看到這裡可能會不理解：「明明我們就是生活在同一個世界啊，為什麼這麼說呢？」這是由於很多人並沒有領會到，世界除了是個物質實體外，呈現給我們的卻是個精神實體。

多數人的五感大體相同，比如多數人能分辨色彩、聲音等，但還是有小部分人是沒法分辨的，他們腦中的世界就跟多數人的不同。假如把所有人的眼睛或耳朵等感官都改個構造，那麼世界在人類的認知中就變成了另一副樣子，而你也會真實地認為那當然就是客觀的樣子，其實僅僅是你的「接收器」換了而已。

如果說五感是人類對世界資訊自以為是的初級判斷，那麼認知則是人類對世界機理自以為是的高級判斷。如果改變類似五感的接收器就能改變世界的根本面貌（其實是幻象），那麼認知的差別，當然同樣可以讓我們生活在完全不同的精神空間。就像在你的眼前有一朵花，大家都看得到是一朵花。但在你的眼裡，它只是一朵花，在詩人的眼裡，也許就不僅僅是一朵花。雖然對於相同的五感來說，花是客觀的資訊，但從你們整個人生的精神空間來看，你們其實活在完全不同的環境中。

所以有時候我們會很奇怪，這事他怎麼會不介意？怎麼可能不介意？一定是裝的。但氣人的是，他似乎不但不介意，還根本就不關心，這就是不同的認知，決定了世界在精神實體層面上的呈現方式不同。

接下來，我會從幾個常見的現象中，聊聊格局的高低，如何造成精神空間的差別。

學習和職場上的格局

以前念書的時候，我發現一個有趣的現象，那些成績特別好的學生，特別好與人分享。你有什麼不會的題目去問他，他會把自己會的跟你說得明明白白。當然他也有不會的時候，也特別不恥下問，哪怕你的成績不如他，他也不覺得「丟臉」，因為他知道自己的成績再好，也不可能在知識上真包含所有不如他的人。

而有些人則不太一樣，你有什麼不會的題目去問他，他就算知道也會隨便找個理由打發你，而他自己不懂的，則因為缺乏「交換的籌碼」，漸漸地也問不出口了。這類人的成績往往處於中游附近，至多是中游偏上，屬於看起來不太笨，在笨人眼裡可能還有點小心機，實則智力比較低下的一類。有人會問：「那些中游以下的學生呢？」由於他們不常有機會回答他人的提問，因此不在討論之列。

為什麼他們的行為會有這樣的差別？本質上就是因為他們的格局不同，因此他們的世界就不同。

在認知能力較高的人看來，班級裡的排名其實沒有任何意義，因為我們到學校裡是來學習知識的。既然是學習知識，當然只跟自己比較才有意義，只要我今天比昨天懂得更多就行了，只要我盡力就可以了。**阻礙別人進步不僅對自己於事無補，還會拉低自己所在群體的平均值，以致未來有可能影響自己的高度。**

哪怕是從不那麼正確的功利主義目的出發，我們念書就是為了考個好大學，今後找份好工作，那麼班級裡的排名一樣沒有意義。因為你的高考成績是全國排名而不是班級排名，在全國排名 100000 與 100001 並沒有什麼本質區別，拉低幾個人的成績也對你毫無用處。

而那些認知能力較低的人就不同了，他們著眼的，只有自己的小世界——班級。班級排名就是他們的全部，甚至有些父母都是這樣認為的，只要班級名次下降，那就一定是退步，這是非常可笑的。所以對他們來說，這是個零和博弈，拉低一個人的成績，就意味著自己相對進步了。這種道理聽聽就很蠢吧，但在現實中，很多人會犯這樣的錯誤，因為他們的世界就是這樣，所以也只能看到這樣。

學習上的認知層次差距決定了我們的行為，而行為本身又決定了我們的高度。在職場上，同樣如此。

我很少看到在職場上能把心思真正放在自己身上的人。**職場，是一個人的修行，是沒有什麼同伴和對手的。**再過幾年，市場進一步細分和資訊化以後，大家的感受可能會更加明顯，**你的收入，就是你價值的真實反映。**在不完全市場裡，南郭先生興許還能沾點平台的光，但這種搭車行為很快就會消失。

我曾經做過職員，也雇過職員，我做過別人的同事，也做過別人的老闆。在職場中，我見了太多渾渾噩噩的人，他們不停地橫向比較：同事偷懶，我為什麼不能偷懶；同事拖拉，我為什麼不能拖拉。那麼公司裁員，同事被掃地出門，你是不是也跟著去呢？

很多人把工作看成計件獎賞，今天我在這裡待了多久，你給我多少錢，我能換多少吃的，就是這種很原始的折合方式。當他們偷懶以後，就覺得是占了老闆的便宜。所以老闆為什麼要設置打卡機，為什麼要查勤，就是因為到處都是這樣的員工。接著，員工和老闆就會上演無休止的鬥智鬥勇，將寶貴的精力消耗在毫無意義的事情上。

擁有較高認知層次的人，他們的著眼點根本不會在這樣的地方，他們清楚自己的布局，知道自己每一刻在做什麼，能給未來帶來什麼樣的好處。對他們來說，其實未來的大體框架早已提前建好，只是具體的表現形式未知，實現的路徑未知，時間未知而已。

在職場這條孤獨的路上，為什麼我說同伴和敵人都不存在？因為他們都在即時變化著，甚至相互轉化著，因此放太多心思下去就容易做無用功。**很多偉大的企業就是專注自身就可以了，在你不斷變強的同時，敵人跟不上腳步，自然就不配做你的敵人了，打他幹什麼呢？**這跟盯著班級的排名是一個道理。

提升格局，就能看到更大的世界，這種感覺就像是「哇！為什麼之前我就沒想到」。這說明你接收到了來自更高段位元的資訊，賺到了。而在這個資訊出現之前，可能你幾乎是想破腦袋，也衝不過去那個思維關卡的。

學習也好，職場也罷，人生這場修行，就是不斷提升自我格局的過程。至於社會上普遍認同的體現人生成功的東西，如金錢等，只是隨之而來的副產品而已。當你對世間萬物的本質認知達到了一定的層次，很多東西都只剩下想不想的問題，並不存在能不能的問題。

提升格局之分辨層次

格局是如此重要，「認知層次低的人無法看到高層次的世界」和「大多數人都以自己現有認知作為認知的最高層次」則是在格局中，要時時警醒自己的兩個概念。

所以提升格局的第一個要點就是：懂得分辨格局的層次。

一個頂級的廚師需要滿足什麼條件？也許你會說出與他的專業技能相關的

一大通東西，但最基礎的不是這些，而是擁有一條好舌頭。

小野二郎說：「如果我的舌頭不如客人的，那麼我是做不出讓客人滿意的東西的。」道理顯而易見，你沒法分辨相似味覺和口感之間的細微差別，自然就會將粗糙的東西拿給要求精細的客人，這是你用再高的技巧都無法彌補的。

於是我們進行認知升級的第一個目標，就是我們雖然看不到某些層次裡的具體世界，但至少得能看得出或者隱約知道那裡有更廣闊的世界，這就是我們獲得進步的基礎。

如何做到呢？我把它叫作——**推倒自己的積木。**

積木，代表你的積累，一旦搭上去了，就會產生一種叫「我就代表正確」的副產品。千萬別認為這種副產品很容易對付，幾乎所有的人都認為自己能容納跟腦中既有觀點不同的聲音，但對大部分人來說，這恰恰就是「我就代表正確」的一種表現；只有小部分人，願意使用邏輯工具重新檢驗現有知識的有效性和正確性。

你的知識體系是你日積月累而來的，包括固定知識、解決問題的方法、思維定式等。這些都非一朝一夕可形成，一旦有人的知識觀點跟你的現有積累不符，也就意味著你需要花時間去核對總和判斷。若檢驗出來是自己有問題，那麼細枝末節還好；若動了根基，則以往的很多積累白費不說，還需要花時間重構。所以很多人從內心抵觸不同的聲音是有理論依據的，寧可有可能錯下去，也不能給花費大量精力重構知識體系留一點可能性，因為若經過了檢驗確定是自己有問題，那麼不改正就過不了自己內心這關，因此乾脆就不檢驗了。這跟很多人不肯去體檢其實是類似的心理。

我們的格局之所以提升不了，就是因為我們看不到或根本不想看到更高層次的認知。我們在第一時間就會有本能反應，抵觸不同的聲音，其本質，在於我們不願意給推倒自己親手搭起來的積木留一丁點可能性。

這裡可能很多人會問：「那些厲害的人好像都是固執己見的啊？他們的格局都很低嗎？」這麼問就沒有搞清楚格局的概念。**格局可以從上往下看，不能從下往上看。**我接觸過很多厲害的人，他們都是非常善於聽取意見的。但在普通人看來，他們卻是固執己見的，那是因為普通人的建議對他們來說，通常不具備「建議」的意義。厲害的人顯得固執己見，是因為他看得到別人的不夠強，而不強的人固執己見，往往是因為害怕一無所有。

所以，提升格局首先要做的是：雖然看不到上層格局的世界，至少能看到不同格局的層次。實現的方式是關閉「抵觸」開關，樹立推倒積木就是更快建造正確的大廈的正確觀念。

提升格局之擴展時空

漸漸有能力將格局分層了以後，我們就有了謙卑之心。僅這樣是不夠的，有了虛懷若谷的心態，還需要有正確檢視事物的方法。用邏輯和科學的態度是最基礎的，除此之外，還要學會從更長的時間跨度和更大的空間跨度看問題。

更長的時間跨度其實很好理解，比如剛剛講過的職場上的格局，你在考慮職場問題時，是以多長的時間跨度為計算單位的，決定了你當下的行為。

如果你是以天為單位，那麼自然是幹一天算一天，只要老闆固定給你當天的回報就行，參考工地搬磚模式。如果你是以年為單位，那麼就不能只考慮當天在幹的活了，要考慮在公司裡的生存問題，考慮升職加薪的問題，參考大多數的白領模式。如果你是以十年甚至更長的時間為單位，連當下的薪水都不是很重要了，最重要的是當下的工作環境能不能讓你變得更值錢。如果你持續增值的速度夠快，那麼當下的薪水其實意義並沒有那麼大，因為當你一個月能賺十萬元的時候，之前是一千元還是三千元其實都差不了太多。

所以，**當我們從不同的時間跨度考慮問題時，就會表現出迥然各異的行為。**有些人很難理解，這麼辛苦付出怎麼可能有人不計較薪水呢？這種難以交流的現象，在本質上，就是格局不同導致看到的世界不同。

更大的空間跨度，理解起來也不難。

在這方面，我有個關於自身經歷的例子。我從五歲開始學棋，野路子出身，一直沒有接受過系統訓練，於是開局的布局總是很差，漏洞百出，有時還會丟子，但進入中局以後往往能扳回劣勢，原因就是我的邏輯推演和記憶能力都還不錯，通常可以比對手多看幾步。為什麼多看幾步如此重要呢？因為你在三步以內思考出來的最優解，到了五步以內，很可能就是最「臭」的。

每個人看事情的時候，都拿著一個用硬紙板卷起來的圓筒，有些人的筒大一些，有些人的小一些。如果你把下棋過程中，每一步的可能性用思維樹給畫出來，那麼三步和五步的區別，就是不同的人用不同的筒觀測到的世界。

當我們聚焦在自己的一畝三分地時，做出了看似最適合自己的決定，或者給出了自己認為最正確的評價。然而，當我們把可視的範圍擴大，剛剛明明正確的決定和主觀評價，可能因為其他因素的加入突然就變得不再正確，所以用更大的空間跨度去看問題，顯然就會更接近真相一些。

那麼，如何擴展空間跨度呢？其實擴展空間跨度的方式就是，擴展自己的思維樹，用白話來講，就是將盡量多的相關物件和影響方式收納到自己的思考範圍之內，理清相互之間的邏輯關係。如果這個過程在頭腦中完成有困難，可先盡可能多地列到白紙上，然後借助工具慢慢梳理。

當你對事物的認知較之以前更為接近本質和核心時，你的格局就提升了，眼中的世界也將隨之改變。

人生的消費和投資

什麼時候消費，什麼時候投資

投資和消費，是人類的兩大終極行為。為什麼說是終極？因為這兩種行為，幾乎能把一生中幹的所有事都囊括進裡面。

我們在前面已經多次進行過闡述，人就是自利的，哪怕看起來是利他的行為，也是先自利的。自利行為共分為兩種：一種是在當下狀況下得出的最優解，包括最簡單直接的自利，以及迫於道德、職責或害怕被懲罰等壓力下的利他行為；另一種是自願放棄短期利益，博取更長遠利益的自利行為，比如心甘情願為異性做牛做馬，最終是為了自身的回報。這世上並不存在真正的不求回報，哪怕只是心裡痛快一點，也一樣是回報。前者就是消費，後者就是投資。

要看一個人是在消費還是在投資，有時候僅看表面是看不出來的，因為這兩者通常都交織在一起，比如消費帳戶和工作帳戶，有些人明明是出去喝酒狂歡，偏偏要騙自己說是去攢人脈。也就是把一個簡單的消費行為說成投資行為，但他究竟是去幹什麼，在消費中有沒有真的帶點投資的成分？只有他自己知道。再比如一個人坐在小河邊閉目養神，看起來是一種對於閒暇時光的消費，但如果這個人的腦子沒有停下來，只是借這麼一個寧靜的去處思考事情，那麼其實是一種投資行為，究竟是消費還是投資，各占多少比例，還是只有他本人知道。

自利是人的最終目的，本質就是滿足需要——物質需要和精神需要——消費就是一個滿足需要的過程，而投資則是一個延遲滿足需要的過程。依照本性而言，我們都喜歡消費而厭惡投資，因為消費可以滿足即時需要，投資則不能。投資意味著付出，意味著克制，意味著強行讓自己當下不爽。

但不投資又不行，消費存量並不是無限的，這次消費完了，下次呢？人區別於動物很大的一點就是，人是理性的，懂得計算，懂得長遠考慮。於是，分配投資（延遲享受）和即時消費的比例，就成為尋找人生最優解的關鍵。

一輩子九分投資、一分消費肯定不可取，搞了半天辛苦來人世走一遭，不能僅受罪。而一分投資、九分消費也不太合適，靠一分投資得來的收益，這九分消費想來也不會太爽，滿足不了多少需求。

每個人的能力都不盡相同，有人三分投資就能把這一生過得很好，有人則需要七分。這是個不斷試錯的過程，需要我們根據自己的個人情況進行動態調整。這裡的動態分為兩層意思：一層是我們對於消費和投資的比例需要動態摸索，盡量找到最適合自己的比例；另一層是我們的個人能力和環境本身也是在不斷變化的，當我們的個人能力提升的時候，也需要動態地做出調整。

「人死了錢沒花了」是件痛苦的事，所以僅投資肯定不行，消費得跟上。但按照投資消費比來看，肯定是能力愈強，在相同的投資比例下，能夠消費的就愈多。只是能力本身的增長又不得不跟投資掛上鉤，沒有先期投資，何來能力增長呢？所以，分配太多給消費也不行，等於殺雞取卵。那麼從人生的總效用角度來看，究竟年輕人是該縱情消費，還是該積極投資呢？

如果你的投資消費比基本確定，那麼肯定是愈早投資愈好。**古人說先苦後甜，其實是有現實邏輯的，因為投資有紅利，消費有利息。**

千萬不要以為二十幾歲學一項技能和八十幾歲學是一樣的，「活到老學到老」的確很勵志，但效果明顯不同。八十幾歲學會一項技能，應用和產生「技能紅利」的可能性明顯剩不下多少，但二十幾歲呢？你有大把的時間讓這項技能同其他機會產生融合與互動，這就是投資的時間紅利。

消費也是一樣，每一次消費都是提前支取本屬於未來的利息。換言之，每次消費不僅僅是消費本身，你都是支付了利息的，不只錢有利息，什麼都有。比如你消費了時間跟朋友快樂地聚了一次，你並不僅僅是消費了這段時間，因為這段時間你本可以用來進行一次投資。這種隱性成本就是利息，是要算進去的，所以你消費的，應當是你當前的時間加上可能在這段時間內產生的最大投資積累的總和。

所以分配消費和投資的比例非常重要，而選擇進行投資行為的時間點也同樣重要。

怎樣才算沒有虛度人生

對於這樣的問題，市面上有五花八門的說法。成功學作者說，人生要成功，成功的人生才有意義。不過如果你問他什麼是成功，他可能一時答不上來。雞湯學作者說，人生追逐的是內心的豐盈，只有按自己的意願度過一生才不算虛度人生。但按自己的意願就是追逐欲望，要消費必先投資，投資就肯定要克制欲望，這不是矛盾了嗎？

其實這些答案，基本都跟是否虛度人生扯不上太大關係。如果上帝有一把尺衡量一個人是否過好了這一生，那這把尺一定是這個人對自己這一生的利用效率。

消費也好，投資也罷，對於人生而言都是正向的。不管我們正在滿足需求，還是延遲滿足需求，我們都要麼在幹著讓自己愉悅的事，要麼在幹著能在未來讓自己更愉悅的事，只是總效益的水準有區別而已。狹義上講，消費和投資當然有區別，但從廣義上來看，它們有時候是一回事。某些時候，消費就等於獲得了即時回報的投資。

不過有一種東西，跟消費和投資都不一樣，是提高人生利用效率的天敵，那就是損耗。損耗跟消費不要搞混，一個人坐在小河邊享受午後，很多人會認為是一種「浪費」，是一種損耗，其實不是，這是消費，是正向的，可以提升人生整體的愉悅水準。

生活中存在很多損耗，但很多人意識不到。我可以隨便舉兩個例子，你可以自行檢驗一下，自己是不是正在被損耗吞噬著。

比如你明明處於一個按業績給薪水的崗位，卻天天在公司裡假裝做事，其實是混時間等下班。在這個過程中，你並沒有透過投資提高個人能力，從而讓自己擁有更高的單位產出；也沒有獲得任何實質性的回報，或者透過消費讓自己愉悅。

再比如你跟朋友出去喝茶，你是享受交流的快感，還是僅僅出於某些功利的目的，憋著勁想下一句話呢？前者是消費，後者是投資，但投資很可能打水漂。如果你一晚上既沒有消費到什麼，始終沒有享受愉悅，又沒有得到投資回報，那麼這也是損耗。

損耗就是基於錯誤的認知之下，將一段生命變得無意義或基本無意義的行為，說得嚴重一點，就是人為縮短壽命的過程。只有在損耗的狀態下，才叫虛度人生，其他的所有差別都只是選擇給人生填塗不同的色彩而已。

幸福人人都能擁有

幸福不是自欺欺人

很多人看到標題以後會不理解，幸不幸福雖說不一定由金錢決定，但怎麼都算是個客觀事物吧？如果人人都能擁有，由於人人情況都不同，那不就變成主觀事物了，這跟自欺欺人有什麼區別呢？

不。這裡要闡明兩個觀點：首先，幸福的確是個主觀事物，至於為什麼，我們之後會展開；其次，自欺欺人的認定並非跟主、客觀有關。所謂自欺欺人，只有在一個信號明明被接收到，已經確定了刺激和回饋之後，卻被人用主觀意志進行強行扭曲，才能稱為自欺欺人，而跟信號本身的刺激和回饋是不是符合別人認定的客觀事實，是沒有關係的。

比如你的手指被門夾到，明明是疼的，你非要說一點也不疼，這就是自欺欺人。如果你真的認為不疼，我再多夾你幾次好不好？你可能就不肯了。所以自欺欺人有個特點，那就是，大腦在潛意識裡是很清楚的。自欺欺人只是暫時性地對自己進行麻痹，並不意味著能夠騙過自己的深層意識。

但一個多數人認為很難吃的東西，有一個人說很好吃，這就不一定是自欺欺人了，因為他可能真的認為很好吃，你再給他吃，他的確還吃，而且樂意之至。所以一個人從主觀出發的任何回饋只要符合自己的深層認知，對他來說就是沒有問題的。

幸福的主觀特點跟自欺欺人不同，它並非由即時刺激回饋產生，而完全是透過比較的方式由大腦營造出來的。當然，不幸也是如此。有人可能會問，如果一個人不幸殘障了，難道也能把不幸變成幸福嗎？那是當然。

幸福的唯一來源就是比較

我們的大腦擁有豐富的想像力，甚至可以想像出現實世界不存在的東西，但要讓我們將抽象的感受和氛圍絕對性地具象化，還是有一定的難度的，因為人對於大多數事物的絕對值其實並不具備多少感受。比如你要買個蘋果手機，七千元，到底貴不貴呢？你得借助跟其他手機品牌產品的對比，得借助跟其他數位產品的對比，才能產生一個相對的感受，否則你是根本沒有概念的。再比如你出生時就是個盲人，你對於這件事其實剛開始並不會那麼在意，只有當你知道了大多數人都是可以看見的這一事實後，才會感受到失落。

因此，當我們要告訴自己一種抽象感受的時候，比如幸不幸福，通常需要借助比較的力量。比較這回事註定是有參照系的，而參照系則是沒有固定標準的。

關於幸福的比較，通常來說有兩個維度。

跟他人比較

這是我們最常見的幸福和不幸的來源了。為了更直觀地表示，我用一個虛構的小張的例子來解釋。

小張是一名普通的北漂（編按：泛指從外地來北京謀生卻沒有北京戶口的人），到了北京五六年，一直想在北京安身立命，但是算算手頭的錢，離買房頭期款還差點。

近幾年，公司裡不斷加入新的北漂，小張漸漸成了「老資格」，看著年輕同事拚命工作卻只能「月光」的窘迫樣，再想想自己的頭期款就快有了著落，小張的幸福感油然而生。

不過，隔壁辦公室的小王卻讓人不爽。這小子是北京人，父母留了現成的房子給他，不小，一百三十平方米。小王平日裡吊兒郎當，一發工資就拿去泡妞，公司裡的適齡妹子都快被他泡完了。小張一想到自己哪怕付了頭期款，今後也要面對幾十年的巨額貸款，再看看小王整天嬉皮笑臉的樣，恨得牙癢癢。

不過恨歸恨，投胎投得好也是沒有辦法的。小張暗暗下決心，要用努力抹平先天差距。於是小張每天更加勤奮工作，終於在年終的時候得到了雙倍的年終獎金，頭期款的任務突然提前完成了。

拿到年終獎的晚上下著小雪，小張站在天橋上，望著前方暖黃色的燈光星星點點，心裡也是暖暖的。馬上要擁有自己的房子了，給老同學打個電話吧，順便約出來吃個火鍋，也學人家買單一次。老同學一聽說，對著小張一陣祝福，說得小張幸福感爆棚，不過隨後卻隱約透露了自己的年終獎金竟然是小張的兩倍還多。

掛了電話以後，望著前面的燈火，小張的視線有些模糊。老同學一樣是北漂，讀書時成績不如他好，頭腦也不如他活絡，連口才都不如他，為什麼他混得比自己好？小張有些悵然若失。

小張的幸福感起落很大，在比較前和比較後，他的客觀狀況並未發生改變，但幸福感卻有極大的落差，足以說明幸福跟客觀的關係並不大。

透過比較，我們才能對行為的結果有個大致的概念，比如一個人在一個較差的班級裡，總是考第一名。當某次考了八十五分時，看看周圍都是六十分，他就不覺得是自己對知識點掌握得不夠好，而會認為是題太難了。相反，當他在一個大家都考了九十五分以上的班級時，面對同一個結果，他的感受就會天差地別，他可能會焦慮，可能會努力尋找不足。

很多人說：「等我有錢就幸福了。」這是沒有什麼道理的，因為當你有錢時，你的圈子早已不同，你要的東西早已不同，你的比較對象必然也不同了。

有些人說：「不啊！屆時我可以跟普通人比啊，這樣我就足夠幸福了。」但如果你打算這樣比，為什麼現在不跟貧困山區的朋友比呢？所以如果你現在感到不夠幸福，那癥結肯定不在財富的絕對值上。**人們總會高估目前渴望事物的價值，因為當你渴望的時候，就表示你已經高估了。**

很多窮人希望人人都一樣窮，但是明明別人窮不窮，根本沒法改變他們自己的生活狀態，他們該沒有的東西還是沒有。為什麼呢？就是希望得到多一點的幸福感，而幸福感跟絕對值是沒有多大關係的。

這還能解釋人類普遍認為的自己擁有的高級情感——同情心，其實同情心算什麼高級情感呢？那不過就是展示優越感的一種方式嘛。別人也許會因此受益，但首先是你自己先受益了。你當然不會同情強者，比如，你說在賺錢方面很同情馬雲。這顯得很怪，是吧？同情這個行為本身就給我們帶來了幸福感的回報，因為我們選擇了更弱的比較對象，因此並不是所有人都有意願接受別人的同情的。

跟自己比較

很多人只知道幸福感是跟他人比較才會出來的，忽視了幸福感與跟自己比較也有很大的關聯。

我們每個人對於狀態都有惰性，換言之，任何保持了一定時長的既有狀態，都無法激發出我們的幸福感。

比如一個有錢人，經常拿幾千塊錢的衣服當抹布，抹了桌子就把衣服扔了。當她習慣了這樣的狀態後，就不會因為她有能力這樣處理衣服而感到幸福。相反，當她從一個月能扔十件，減少到一個月只能扔一件時，就會感受到強烈的不幸福感。但如果一個窮人，不說能這樣處理衣服，僅是把這件衣服送她，就已經能高興很久。

所以**與自己比較，比較的是什麼呢？是一個狀態之間的切換**。

研究表明，中樂透帶來的幸福感平均只能維持三個月。三個月後，中獎者就會習慣現有的生活狀態，只剩下偶爾對比時才會產生的感慨。很多人覺得不可思議，甚至認為如果是自己中了樂透，一定會興奮上十幾年，因為生活狀態發生了翻天覆地的變化。但我想你並不特殊，而且大量的樣本數據對於普通人來說，是有一定說服力的。

因此，從這個層面上來說，一個出生就含著金鑰匙的人，他在一生之中累積的幸福感，遠遠沒有一個從底層一無所有到最後功成名就的人，所累積的幸福感多。

當你的現有狀態變得更好，擺脫了狀態惰性時，就會產生幸福感。當這個幸福感被新的狀態惰性消磨得差不多時，如果我們再繼續上一個新的臺階，就會產生新的幸福感。這種上了一個臺階的狀態需要我們進行細微感受，這不是客觀現象能決定的，而是大腦要幹的活。在狀態不斷向前切換的過程中，我們才能在「與自己比較」中真正積累起最多的幸福感，而不是像某些人說的：「我要是現在有一億，每天吃喝玩樂就足夠幸福了。」

所以，幸福只源於跟他人和自己的比較。如果你想獲得幸福感，不需要自欺欺人，只要擺正自己對幸福的認知即可；自欺欺人本身就代表並沒有從本質上將認知扭轉過來。無論是調整比較對象，還是克服狀態惰性，這都是大腦能完成的任務。所以幸福這件事，實在是取決於你自身，而不是你的客觀狀態。

後記

本書的撰寫耗時大半年，但其實不止，因為部分內容取自微信公眾號「請辯」的文章，而自第一篇「請辯」的文章誕生以來，已過了一年有餘。

在這裡我需要特別感謝納西姆·尼可拉斯·塔雷伯（Nassim Nicholas Taleb）、基斯·史坦諾維奇（Keith E. Stanovich）、李笑來、羅輯思維、王福重等團隊和個人，雖然我與他們中的大多數並不相識，但他們的著作和思想，在我塑造世界觀的路上給了我很大的啟發。

知識的繼承和傳播本身就是一件很有意義的事。我曾接到過不少讀者的回饋，說我的思想給他們的生活帶來了很大的正向改變。其實我一直說，不管別人的思想給你帶來多少改變，別人都僅僅是一個引子，真正改變你們的還是自己。最後，感謝「請辯」的三十多萬訂閱讀者，感謝「螞蟻私塾」的學員們，是他們的提問，給我在探究關於世界本質的路上帶來了更多的靈感，並將思想的火炬傳遞給更多的人。

Life
006

你懂這麼多道理，為什麼過不好這一生？

讓你不迷茫，突破盲點的 33 則人生指引

作　者	蔡壘磊
執行長	陳蕙慧
總編輯	魏珮丞
責任編輯	魏珮丞
行銷企劃	陳雅雯、余一霞、尹子麟
封面設計	萬勝安
內頁設計	許紘維
排　版	藍天圖物宣字社、JAYSTUDIO
社　長	郭重興
發行人兼出版總監	曾大福
出　版	新樂園出版／遠足文化事業股份有限公司
發　行	遠足文化事業股份有限公司
地　址	231 新北市新店區民權路 108-2 號 9 樓
電　話	(02) 2218-1417
傳　真	(02) 2218-8057
郵撥帳號	19504465
客服信箱	service@bookrep.com.tw
官方網站	http://www.bookrep.com.tw
法律顧問	華洋國際專利商標事務所 蘇文生律師
印　製	呈靖印刷
二　版	2020 年 12 月
定　價	320 元
ISBN	978-986-99060-5-0

國家圖書館出版品預行編目(CIP)資料

你懂這麼多道理，為什麼過不好這一生？｜讓你不迷茫，突破盲點的33則人生指引 / 蔡壘磊著 . -- 二版 .
-- 新北市 : 新樂園出版 , 遠足文化事業股份有限公司 , 2020.12
296 面 ; 14.8×21 公分 . --（Life ; 6）
ISBN 978-986-99060-5-0（平裝）

1. 成功法 2. 自我實現

177.2　　　　109018394